雪球参考
SNOWBALL REFERENCE

能源转型，投资机会何在

雪球 编著

中国经济出版社
CHINA ECONOMIC PUBLISHING HOUSE

图书在版编目（CIP）数据

能源转型，投资机会何在 / 雪球编著 .-- 北京：中国经济出版社，2021.11
ISBN 978-7-5136-6721-0

Ⅰ.①能… Ⅱ.①雪… Ⅲ.①能源工业 - 投资 - 研究 - 中国 Ⅳ.① F426.2

中国版本图书馆 CIP 数据核字（2021）第 226429 号

项目策划	雪球公关部
策划编辑	燕丽丽
责任编辑	赵嘉敏 吴楠
责任印制	马小宾
封面设计	想相广告

出版发行	中国经济出版社
印 刷 者	北京富泰印刷有限责任公司
经 销 者	各地新华书店
开 本	787mm×1092mm 1/16
印 张	6.5
字 数	160 千字
版 次	2021 年 11 月第 1 版
印 次	2021 年 11 月第 1 次
定 价	48.00 元
广告经营许可证	京西工商广字第 8179 号

中国经济出版社 网址 www.economyph.com 社址 北京市东城区安定门外大街 58 号 邮编 100011
本版图书如存在印装质量问题，请与本社销售中心联系调换（联系电话：010-57512564）

版权所有 盗版必究 （举报电话：010-57512600）

国家版权局反盗版举报中心（举报电话：12390） 服务热线：010-57512564

CONTENTS 目录

趋势 Trend

001　雪球私募 秋季策略会
001　FOF 基金：中国居民资产配置调整的优选途径
004　农产品有望成为周期板块下一个"领头羊"
006　前景向好，量化投资多元化发展
007　现在我们应该看多必选消费行业吗？
010　赛道之外，关注隐形冠军
012　一个物理系毕业生眼中的元宇宙

陪伴 Accompany

016　把专业内容设计成"地图"：雪球投教再出新招
021　散户亏损的根本原因到底是什么？
024　股票被深度套牢怎么办？
029　基金经理管理多只基金，投资者该如何优选？
033　职业投资，有了职业才有投资

CONTENTS

目录

聚焦 Focus

036　20世纪70年代的大滞胀要回来了吗？
042　"能源危机"用词不当，我们离能源危机越来越远
045　煤炭股如何投资？
049　能源升级，全球大势
053　隆基股份A、B面：阵痛期如何破局？
057　如何给中国核电估值

035

049

透视 Probe

062　贝壳露珠
066　我对B站的理解：信仰、认知和常识
068　关于中国平安的四点基本判断
070　复盘日本酱油变迁史：酱油大牛股的成长路径
073　贵州茅台值多少钱？
077　一个经销商眼中格力电器真正的痛与难
080　预期差下的中远海控，到底何去何从？

研究 Research

083　中证500跑赢沪深300真的只是靠周期吗？
089　红利ETF是否值得长期投资？
092　浅谈指数基金持仓分配与定投规则
　　　——以中概互联为例
094　利用资产配置加再平衡走出投资误区
098　私募基金经理的管理规模应该保持在什么水平？

趋势 Trend

相比 2020 年的全面行情，2021 年无疑是结构性行情，板块间分化严重。如何从不确定中寻找板块的趋势性行情？雪球秋季策略会邀请私募基金管理人为投资人解读热门板块的投资机会。此外，回调近一年的消费行业是否存在入场机会？频频登上投资热门话题榜的"专精特新"和"元宇宙"又有什么机会呢？

雪球私募 秋季策略会

FOF 基金：中国居民资产配置调整的优选途径

@ 奚伟天
明晟东诚 合伙人、投资总监
发布于 2021 年 10 月 11 日

"房住不炒"，意味着大量的社会财富存在再配置的需求，而如何合理配置资产是我们需要关注的重点。在承接房地产资金转移的众多方式中，FOF 基金作为具有资产配置功能的组合基金，能够有效分散风险、平衡波动与收益，因此脱颖而出。

社会财富再配置的具体形式

根据中金公司 2020 年的策略研究报告《迎接居民家庭资产配置拐点》，中国居民资产中的 65% 是不动产，只有 32% 是金融资产。而金融资产中 19% 是现金及存款，只有 10% 多一点是股票、基金、债券这些资产。

我们把比例切换成简单的数值。假设一个家庭的总资产是 1000 万元，按照上述资产分配比例，分布情况大概如下：700 万元房子、300 万元金融资产，其中 200 万元是银行存款或者银行理财，100 万元是股票或者基金。

以上是目前中国城镇居民较为普遍的金融财富状态，可能会因为各地房价不同而存在差异，但是整体上应该是大同小异的。

随着"房住不炒"相关政策的推进，大量的社会财富存在再配置的需求，即从房地产中转移出来的大量社会财富需要寻找投资渠道。具体转移到什么资产中，是财富管理领域需要研究的问题。现在有几种方案：

1. 现金、存款

经济社会长期存在通货膨胀，如果以现金和存款的形式持有财富，长期来看，财富的实际购买力是相对下降的，也就是老百姓常说的"票子毛了"——钱不值钱了。除此之外，长期持有现金和存款，还存在较大的机会成本。所以，钱绝对不能长期闲置，要把它投出去。

2. 非标资产

过去 10 年除了房地产这类不动产投资外，老百姓最常做的投资是非标资产，即固定收益信托产品，或者固定收益的银行理财产品。当然，银行理财产品投资了非标资产，甚至过去几年高收益的货币基金背后也投资了非标资产。

一方面，2018 年 4 月《关于规范金融机构资产管理业务的指导意见》发布，也就是大家常听到的"资管新规"；另一方面，监管部门要求从 2021 年 10 月开始，各银行存量理财产品不得再采用摊余成本法进行估值，必须变成净值型理财产品，这些都意味着非标资产的规模会不断下降。在此市场环境下，未来将很难或者不能再买到年化收益率 8%~10% 的固定收益产品，即便买到也要担心是否存在违约兑付的问题。

2021 年非标资产对应的底层大量资产，都是一些房地产融资、债务融资，或者是地方政府平台的债务融资。这些资产有些受到了监管的处罚，有些自身业务收缩了，还有些出现了信用风险。因此，过去 10 年大家习惯的这种投资形式很可能将不复存在了。

3. 债券

我们认为债券也不能代替房地产。从长期看，全球的人口老龄化趋势会使社会的总需求不足，使经济发展的动力减弱，进而导致社会长期的无风险回报收益率可能会下降，也就是利率大概率会下行。各国政府为了维持经济增长和社会稳定，不断刺激经济，债券的长期收益率也是下行的。也就是说，如果大家去投资债券，长期的潜在投资回报率大概率是不断下降的，这意味着投资者很难获得良好的财富管理体验。

4. 股市

那么股市是好的配置方向吗？答案是肯定的。与世界成熟资本市场相比，中国证券化水平仍有较大发展空间，储蓄率水平比较高。储蓄率水平反映了一国金融行业的结构。存款派生贷款，一国如果存款越多，意味着贷款也越多，即间接融资比例较高。

反过来说，如果储蓄率低，企业通过资本市场直接融资的占比会比较高。中国的高储蓄率，也意味着中国未来的证券化水平有较大的上升空间，股票市场的投资机会是非常多的。

但是中国股市就是波动比较大。表 1 统计的是 2008 年到 2020 年的数据，从中可知，中国最主要的宽基指数——沪深 300 指数过去 13 年的平均年化收益率是 9%；同期，中国几十个主要城市商品房均价的年化收益率是 8%，两者相比，股市还高一些。但是如果看年化波动率，即对应震荡的波动水平，沪深 300 指数年化波动率是 36%，而房地产只有 5%。综合两项数据，可以得出夏普率——这是一个用超额收益率/波动水平来衡量投资性价比的指标。

房地产 8% 的年化收益率，对应 5% 的年化波动率，它的投资性价比指标夏普率是 1.3；沪深 300 指数的年化收益率是 9%，对应的年化波动率是 36%，它的投资性价比指标夏普率是 0.22。我们很直观地看到，房地产在过去 13 年的投资性价比基本上是沪深 300 指数的 6 倍。

我们也统计了主动型公募基金指数。主动型普通公募混合型基金指数、混合股票基金指数，以及公募的灵活混合基金指数，收益率均高于沪深 300 指数的收益率，且波动水平较低，整体的投资性价比有大幅提升。灵活混合基金指数夏普率长期看是 0.65，远远高于沪深 300 指数的 0.22。

但是我们看到居民持有股票以及公募基金的比例只有 6%，持有房地产的比例高达 65%。长期做财富配置，大家对高收益率的需求低于对波动性稳健的需求。所以居民愿意把大部分的钱——约 65% 的家庭财富都放到稳健的房地产上。

基于以上数据，我们可以看出个体在短期内可能是不理性的，但长期来看，整体一定是理性的。居民资产配置的核心，是把大量资金配置到波动较低但收益相对稳定的资产上。

表 1 2008—2020 年各类资产收益、风险比较

项目	年化收益率 (%)	年化波动率 (%)	夏普率	居民持有比例 (%)
商品房均价	8	5	1.30	65
沪深 300 指数	9	36	0.22	
主动股基指数	14	34	0.36	
普通混基指数	12	30	0.37	6
灵活混基指数	15	20	0.65	

资料来源：Wind，明晟东诚整理。

图1 股票、公募股票型基金、公募 FOF 基金的收益率和波动率 (%)

资料来源：Wind，明晟东诚整理。

FOF 基金：有效分散风险的性价比投资

图1中，越靠近左上方位置，收益率越高、波动率越低，也就是投资性价比越高，投资体验会更好；越靠近右下方区域，波动率越高且回报越差，投资体验会很糟糕。

我们可以很直观地看出，股票很多分布于右下方区域，且分布非常广；而公募股票型基金大量分布在股票的左上方。也就是说，随机购买公募股票型基金大概率优于随便挑选一只股票。

道理很简单：分散投资能有效提高投资性价比。公募 FOF 相比公募股票型基金，又更靠近左侧，它的风险更进一步被分散。

因此，我们认为主动式 FOF 基金具备承接房地产资金转移的条件。主动式 FOF 基金实际上是资产管理行业分工和专业化的产物，与汽车行业类似。现在汽车行业最先进的生产模式是分工整合的模式，制造一辆优质的新能源汽车，企业不会自己生产所有的零部件，整车厂会根据市场和客户需求负责设计、组装，为客户提供相应的产品。

FOF 基金也一样，即基于分工和专业化，通过对各类资产和策略的评估，筛选专业化程度较高的底层资产，帮助投资者实现专业的资产配置和整合。

FOF 基金基于对未来宏观市场和各类策略的认知，进行相应的组合管理和投资配置。这种配置更能反映市场的变化以及资产配置的需求，也更能满足大家对这种长期投资性价比的要求。

扫码阅读
原文评论

风险提示：本文仅供学习交流，未经授权禁止转载。资料内的言论和观点仅供参考，以上不构成个股投资建议，不构成对投资人的任何实质性建议或承诺，也不作为任何法律文件。投资有风险，入市需谨慎。

趋势 Trend

雪球私募 秋季策略会

农产品有望成为周期板块下一个"领头羊"

@胡彧
明世伙伴 基金经理
发布于 2021 年 10 月 12 日

关于周期轮动的下一棒，我们判断大概率是农产品。目前农产品中最热的领域是猪肉。其实不光是猪，粮食也有机会。

周期轮动下一棒

为何农产品有望成为周期轮动的下一个"领头羊"？

首先，从传统周期轮动传导的逻辑看，第一棒是资源，第二棒是能源，第三棒是农产品。在 2020 年资源价格就上涨了，而最近能源行业则是炙手可热，能源往下游传递的逻辑链条也很清晰。

能源中很大一部分，比如煤炭、天然气，其下游产品就是尿素、化肥等，它们代表农产品的成本。在南美，人们用玉米做酒精。酒精又是燃料，其价格和石油、天然气的价格具有可比性。石油、天然气价格的上涨会导致酒精价格的上涨，于是人们会用更多的玉米做酒精，进而导致玉米紧缺，农产品价格也会随之上涨，这是由能源向农产品传导的一个链条。此外，美国海洋和大气管理局（NOAA）预测，今年冬天发生拉尼娜现象的概率大约是 70%~80%。如果真的出现拉尼娜现象，导致南美农作物减产，那么农产品价格是会上涨的。农产品价格里，"猪周期"的确定性非常强，周期长度也比较容易测量。因为从猪的存栏量到猪的供给，有很强的确定性，所以"猪周期"一旦启动容易持续下去。

有些人担心，国内可能会用政策平抑猪价，毕竟猪肉价格一旦涨起来，消费价格指数（CPI）就压不住了。之所以现在 CPI 还在低位运行，很大一部分原因是猪肉价格没有涨起来。CPI 里有几个大项，一是能源，其已经涨上来了；二是食品，以猪肉为核心。

很多人认为过去出现几轮"猪周期"的原因在于行业中大企业比较少、小企业比较多。这几年行业集中度提高了，"猪周期"会逐渐平抑，因为大企业的经营是比较理性的。

我的观点是，"猪周期"是一个长期经济规律，它不因政策或突发事件（如瘟疫）而消失。过去很多轮"猪周期"里都有猪瘟，国家也出台了相关政策，但猪瘟的特点是猪肉价格上涨时助涨，下跌时助跌，它只改变周期波动的强度，不改变周期的节奏。

那么，行业集中度高会导致周期消失吗？有研究人员做过统计，美国的猪都采用规模化养殖，其行业集中度迅速提高的二十年里，"猪周期"的节奏没有任何变化。目前这段时间猪肉价格下跌，生产企业已经陷入了深度亏损，所以我认为，虽然它的底部会在未来半年到一年之内出现（具体在哪个时间点不确定），但我相信它触底之后会启动上涨行情，现在已经可以预期了。

综上所述可知，周期传导的下一棒，是农产品中的猪肉。最近这段时间，无论是期货还是相关的个股，都在市场非常疲弱时保持了坚挺，甚至坚挺得有点让人出乎意料。在其基本面没有改观时金融市场就已经给了这么强的反应，其背后是有原因的。

周期投资的理念与方法

下文谈谈我的周期投资的理念和方法——"周期+成长"。

市场风格会轮动,有时偏成长,有时偏周期,有时偏价值。什么时候偏成长呢?我认为应该是在衰退后期和复苏早期。衰退后期利率下行,复苏早期基本面触底回升。此时处于估值扩张、基本面改善的过程,成长占优。

什么时候周期占优呢?我认为是复苏后期和过热早期。复苏后期往往大宗商品的价格进入迅速上移阶段,它会一直持续到过热早期。这个阶段,人们开始担心出现通胀,通胀往往是先从生产价格指数(PPI)开始,然后传递到消费价格指数(CPI)。

我们可以从周期的角度来看待成长。首先,任何公司成长的过程不是一帆风顺的,一个十年的成长股总会有价格暴涨暴跌的时候。其次,市场风格在摆动。有些年头市场就喜欢成长,有些年头市场就喜欢价值或周期。市场风格摆动的背后其实都是周期在指挥,即宏观经济、货币政策、行业政策以及公司经营层面的变化等。对周期基本面以及基本面和股价之间关系的把握,有助于我们对长期成长股进行波段操作。

基于这一点,我在看待很多传统周期时是相对谨慎的。虽然绝大多数时候我们要尊重市场先生,但在某几个时间点我们要敢于和市场唱反调。这时候我们如果做对了,就能实现巨大的成功。与新能源相关的周期品可能就是一个值得我们为它"拔刀"的品种。原因是:新能源这个行业有长期看好的空间,往远看到2030年,成长空间都非常巨大。我认为,新能源汽车或者新能源行业是中国制造业赶超全球一流制造业的重要抓手。

上一轮中国制造业实现腾飞,是因为其为苹果代加工手机,培养出大量的中高端制造业企业,到目前为止这些中国公司表现得非常强势。

新能源汽车、光伏,我认为这些领域是中国制造业实现第二次腾飞的抓手。为了生产更好的电池、更好的车、更好的光伏系统,企业需要不断提高机械加工能力、上游成本压缩能力、系统化集成能力等,这对产业链各环节都提出了非常高的要求,所以新能源行业对于中国而言绝对不只是具有节能减排的意义,它担负着让中国制造业赶超全球一流水平的任务。

对于新能源行业,我们可以关注与其相关的周期品,明年它们的需求增速是30%,供给一旦稍微慢一点点,需求将立即进入爆发期,比如锂和钴。长期看,我预测最多有一年时间就会出现短暂的供多于求,然后是长期的供不应求。产品的需求是长期向好的。

今年很多与新能源相关的传统周期品需求迎来大爆发,是什么原因造成的呢?有一些化工品,以纯碱为例,过去整个产业已经习惯了5~10年中每年都只有2%、3%的行业增速,很长一段时间内这个行业已经没有人愿意扩产,也没有人提价,而新能源汽车产业链突然为纯碱产业带来了额外2%、3%的需求增长。这个增幅看起来似乎很小,但已经把纯碱过去的增速中枢提高了一倍。此外,周期品价格的弹性远远大于量的弹性,供给和需求1%的缺口可能带来价格成倍的增长。所以与新能源相关的很多传统周期品,虽然看起来未来需求增速很低,但实际上已经远远高于之前的增速中枢,可能会出现不错的投资机会。Ⓧ

扫码阅读原文评论

风险提示:本文仅供学习交流,未经授权禁止转载。资料内的言论和观点仅供参考,以上不构成个股投资建议,不构成对投资人的任何实质性建议或承诺,也不作为任何法律文件。投资有风险,入市需谨慎。

趋势 Trend

雪球私募 秋季策略会

前景向好，量化投资多元化发展

@ 刘树全
上海启林投资 投资副总监
发布于 2021 年 10 月 11 日

随着国内资本市场改革的持续推进以及宏观经济、基本面和技术面等大数据的积累，量化投资的优势得到充分发挥。近年来，随着投资市场日趋成熟，更多的投资人开始接受量化投资。叠加较好的收益体验，量化投资在 2021 年实现了业绩和规模的双增长，成为资管行业的焦点。

在量化私募规模创新高、收益表现亮眼的当下，国内量化私募发展程度到底如何？其亮眼的表现能否持续？面对未来的机遇与挑战，我们又该如何布局？

量化投资在这几年进步很大，关于其未来如何发展，我们对股票量化以及人工智能提出了一些看法和观点。

第一，从市场特征看，目前中国市场对于人工智能研发的支持是可以与美国媲美的，这得益于人工智能"选择特征"和"训练网络"这两个关键步骤的发展。对于这部分，国外市场不具备先发制人的优势。

随着股票市场愈加成熟，流入市场的资金会越来越多；而随着投资人对权益市场认可度的提高，其专业度也会进一步提升。例如，以前大家对量化投资的理解可能仅停留在一年能赚多少钱，现在也会关注回撤有多大、夏普比率有多高、管理人是什么风格、赚的是什么钱、风险有多大等。目前，国内市场的散户比例正在逐渐降低，但相比美国市场还是偏高的。另外，程序化交易占比也比较低，这和国内实行"T+1"的交易制度有一定的关系。因为在这样的交易制度下，很多交易行为靠人工都无法完成，但随着程序化交易的增多，量化投资将得以发展。

第二，相比于传统股票交易，量化投资的规模持续增大。量化投资占所有股票交易比重的快速上涨，会给传统的主观机构或非量化管理人带来一定的压力。传统的主观机构可能会根据研究员的报告提出买入、卖出的建议，但是报告的周期会比较长；而对于量化投资，只要有了足够多的数据，机器就会迅速给出买什么股票的建议。

受马太效应的影响，头部量化机构规模持续增大，目前百亿元规模以上的头部管理人所管理的资金已经占量化投资总规模的近 50%。

第三，投资策略多元化，量化技术更新加速。目前的量化投资策略包括指数增强、灵活对冲、相对价值等，甚至还有一些混合策略。投资品种有股票、期货，甚至有期权。量化技术迭代更新，这与量化市场资金的大量涌入有关。此外，行业竞争的加剧对量化机构的投顾能力是很大的考验。

那么，哪些因素会影响未来量化行业的竞争格局？我们认为有以下几点。

一是数据。数据是量化投资的基石，无论是数据的处理还是获取，对量化投资来说都是非常关键的。

二是人才。新冠肺炎疫情使得很多原本打算在国外就业的优秀人才留在了国内，也有越来越多的人才逐渐了解量化行业，这就增加了量化行业的选择空间。

三是设备。所有头部量化机构对设备的投入都很大，利用这些设备做得比较多的是人工智能测试，这与量化投资的算力、大内存和大容量、大吞吐息息相关。

四是方法论。这部分指的是，量化机构策略的底层逻辑到底应用了什么样的方法论，对于市场表现特征是如何处理的，我们如何训练网络，等等。这些更多是经验，相当于"独门秘籍"。

此外，量化投资的核心竞争力主要是从预测和执行两方面来看：对未来预测得越准，α 信号越强；执行得越好，预测值和实际值的偏差越小，表明能更好地将模拟值和实际值结合在一起。

在预测方面，我们做的是全频段的糅合。人工智能是用 X 预测 Y，Y 可以预测一天的涨跌幅或者不同周期的涨跌幅。通过设计不同的 Y 和 X，可以得到很多预测不同周期频段的模型，把这些信号统一应用起来，就是全频段糅合的核心所在。还有信号的迭代，不同频段的迭代方法和经验不一样，越是高频的信号对迭代的要求越频繁，低频的信号对迭代的要求反而没那么频繁。

在执行方面，大量机器设备的投入主要是为了满足研发的需求。大部分机器在券商机房里，所有交易在网络上已经做到了"地利"，怎么把"地利"和"天时""人和"结合在一起，把设备优化得更好，把网络环境搭建得更好，以及把算法优化得更快是非常重要的方面。

扫码阅读
原文评论

欢迎扫码了解雪球私募秋季策略会更多精彩内容。

风险提示：本文仅供学习交流，未经授权禁止转载。资料内的言论和观点仅供参考，以上不构成个股投资建议，不构成对投资人的任何实质性建议或承诺，也不作为任何法律文件。投资有风险，入市需谨慎。

趋势 Trend

现在我们应该看多必选消费行业吗？

未来伴随新一轮的流动性释放，必选消费行业或许具有较高的配置价值。

@ 黑貔貅俱乐部
发布于 2021 年 10 月 21 日

当下关于消费投资的分歧非常大，在本文中，我将从经济周期、行业景气度、政策预期及通胀传递四个角度分析必选消费行业的投资逻辑，以及这些逻辑是否足以支撑看多必选消费行业的观点。

经济周期：增速回落

从国家统计局披露的经济指标中可以看到，几乎所有的领先指标都较过去的高点有所回落，尤其是最重要的社融指标已经下滑近半年，几乎回到了 2018 年以来的最低点。这意味着国内的总需求将会走弱，采购经理指数（PMI）以及相关的重要分项回到了荣枯线以下，经济增速也开始回落（见图 1）。

图 1 2016 年 1 月—2021 年 9 月社融存量同比增速
资料来源：中国人民银行。

我们或许可以根据美林时钟（见图 2）来判断当前阶段是否适合配置必选消费行业。美林时钟的有效性在于：经济波动越大，它的效果越好。从国家统计局披露的经济数据来看，国内经济增速已从高点开始回落。未来伴随新一轮的流动性释放，必选消费和医疗行业或许具有较高的配置价值。

美林时钟的有效性在于：经济波动越大，它的效果越好。

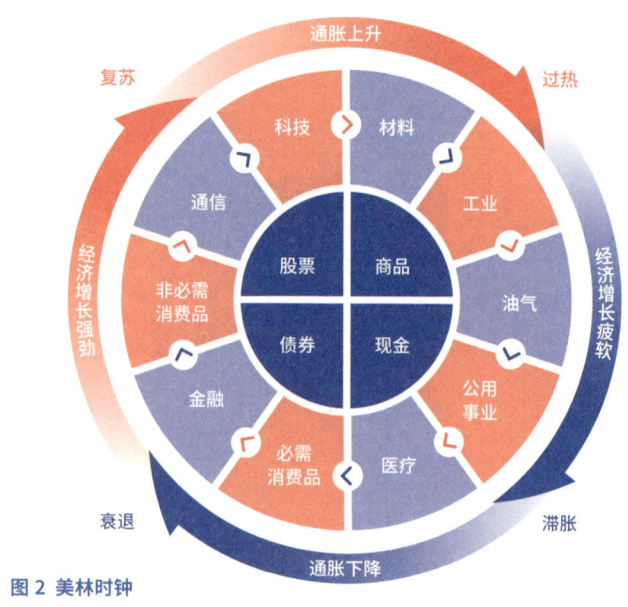

图 2 美林时钟

行业景气度：拐点或已现

我曾在雪球社区写过《本轮消费品为什么跌这么惨？》一文。文中分析了此轮消费行业景气度下降的五个原因，其中因新冠肺炎疫情反复而导致的需求减少以及成本上行是最核心的原因。对于必选消费品生产企业而言，可将生产价格指数（PPI）作为生产成本，消费者物价指数（CPI）作为销售价格。当成本大幅增加，报表利润会随之改变，这会成为引发行业调整的逻辑之一。

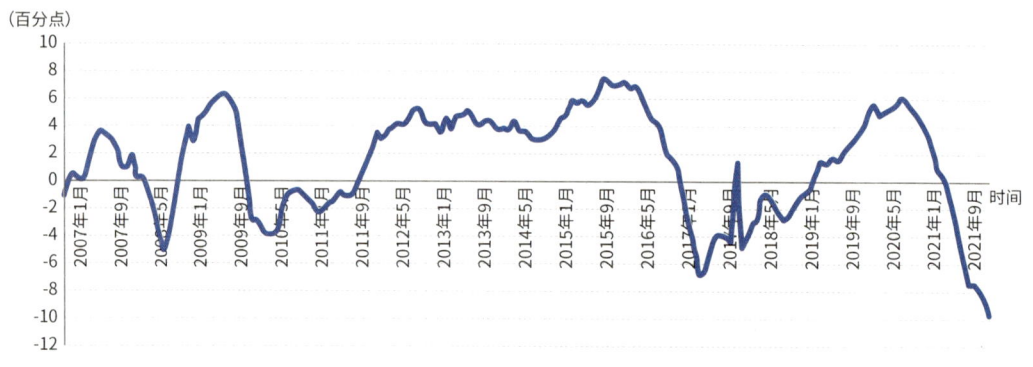

图 3 2007 年 1 月—2021 年 9 月 CPI 与 PPI 的剪刀差
资料来源：国家统计局。

消费与生产的剪刀差已经创了近十几年来的新高（见图3），这意味着生产企业作为中游受到的毛利影响已经反映在市场中。从历史上看，这种差距不可能无限扩大，生产企业为了维持一定的利润水平，会逐渐提价，而上游向中下游的价格传递也必然会发生。尤其是当部分垄断企业，比如卡夫亨氏、百事可乐、可口可乐、海天味业、雀巢、康师傅、安琪酵母等龙头企业开始提价时，我们就可以看到价格传递已经开始了。

生产企业为了维持一定的利润水平，会逐渐提价，而上游向中下游的价格传递也必然会发生。

生产企业为了缓解成本端压力，会向下游转嫁成本，这也意味着生产企业承受压力最大的时期已逐渐过去。从经济周期来看，中上游工业品价格的上涨也具有较强的周期性，不会无限制提升。当生产成本不再提升时，下游企业成本承压也会迎来拐点。这个拐点预计会在能源问题逐渐被解决

> 我们站在当下看2022—2023年，新冠肺炎疫情对经济产生的影响也许会逐渐消除或是变弱，无论是必选消费还是可选消费行业，消费的改善都会是大概率事件。

后出现，时间点大概会在2022年一季度前后——北半球的冬季过去之后。未来无论是成本下行的拐点出现，还是售价上行的拐点出现，都会减轻必选消费行业承受的压力。

政策预期：需求或已开始恢复

我们站在当下看2022—2023年，新冠肺炎疫情对经济产生的影响也许会逐渐消除或是变弱，无论是必选消费还是可选消费行业，消费的改善都会是大概率事件。从理论上讲，大家或许会更认可必选消费行业改善的逻辑。

2022年的经济或许会面临较大的压力，而当基建没有完全启动、房地产处于下行阶段之时，出口和国内消费则会成为具备确定性的路径。尤其是国内的消费市场比较大，增长空间也较大，叠加国内正在进行的分配机制改革，在这样的预期下，政策将会处在对消费行业友好的时间窗口。

2021年消费下行是由诸多原因造成的，比如居民增加储蓄以应对不确定性，以及新冠肺炎疫情使得出行受限进而影响消费。未来，随着这些限制因素的减少，消费需求也会相应增加。

通胀传递：已经开启

从当前的市场可以观察到，通胀传递已经开启。龙头公司提价后，会有更多公司跟随。这些公司或许并不会在此时利用与龙头公司的价格差来扩大市场份额，因为龙头公司的市场地位是经过数十年激烈的市场竞争后才取得的，不管是品牌影响力，还是客户认可度，甚至是口味依赖程度，都很难在短时间被改变。

在上一轮大宗商品上涨的2009—2010年，我们可以看到CPI是滞后于PPI的，而且上涨周期持续时间更久，这是因为工业需求受房地产、基建及汽车等大宗需求的影响更大（见图4）。

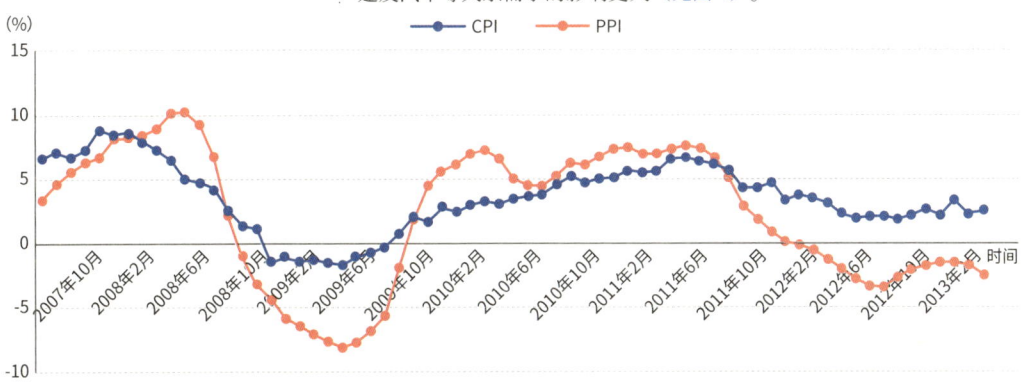

图4 CPI与PPI走势
资料来源：国家统计局。

此外，必选消费品价格一旦上涨就很难降下来，这意味着前期的固定资产折旧摊薄到营收中的份额是在逐渐走低的。通常来讲，当下重建工厂的资本开支要远大于5年前甚至10年前的投资，而持续经营相比重建工厂能够为未来带来更多的现金流，这意味着单体的毛利会因为通胀带来长期的走高预期。

从上面各个维度的分析来看，无论是基于成本、售价等行业景气拐点的逻辑，还是基于宏观经济变化趋势，我们现在对于必选消费行业都应该保持乐观的态度。

扫码阅读
原文评论

风险提示： 本文仅供学习交流，未经授权禁止转载。资料内的言论和观点仅供参考，以上不构成个股投资建议，不构成对投资人的任何实质性建议或承诺，也不作为任何法律文件。投资有风险，入市需谨慎。

赛道之外，关注隐形冠军

从各种产业政策来看，我国正致力于培养一批能够突破核心技术、打破国外垄断的"专精特新"企业。

@ 丹羿投资
发布于 2021 年 8 月 19 日

在研究纳微科技的过程中，创始人江必旺博士 2018 年初的一篇文章《中国产业转型升级需要更多的隐形冠军》吸引了笔者的注意力。文章强调，中国的产业要由大变强、拥有更多话语权，就需要更多的隐形冠军企业，专注产业关键技术、核心部件和特殊材料等方面，提供专业化、高质量的产品和服务。文章还断言，中国隐形冠军新时代已经来临。从 2018 年以后的各种产业政策来看，国内正致力于培养一批能够突破核心技术、打破国外垄断的"专精特新"企业。

中国的隐形冠军企业正迎来巨大发展机遇

2021 年 3 月底，"隐形冠军之父"赫尔曼·西蒙在主题演讲《后疫情，对中国隐形冠军可持续成长的观察与建言》中表示，如今企业从事国际贸易与出口的难度更大，海外直接投资替代国际贸易与出口、国际贸易数字化等趋势不可逆转，全球化已经变为一场新的游戏。全球化的新趋势为中国中小企业带来了平等的发展机遇，进入占比 83% 的海外市场（中国市场占全球市场的 17%）意味着中国将诞生一批世界级隐形冠军企业。

国内产业结构的变化和全球化的新趋势都表明，中国的隐形冠军企业正迎来巨大的发展机遇。

如何寻找隐形冠军企业

赫尔曼·西蒙在其《隐形冠军：未来全球化的先锋》一书里对隐形冠军所具备的特征进行了详细的描述，为我们研究企业基本面和寻找隐形冠军企业提供了很大的帮助。

1. 企业增长维度

首先是企业目标的设定。隐形冠军企业更加强调增长的持续性，每年以温和的速度保持增长要好过只在几年里超速增长。书中还有一个与众不同的发现，即隐形冠军的增长速度与公司规模（人数）显著不相关，这主要是因为全球化使其产品市场得到极大的扩张。

其次是增长质量。由于大部分隐形冠军是 B2B 企业，通货膨胀率相对温和，而其收入的增速约为员工人数增速的 2 倍左右，很多企业的收入在十年内增长了数倍，员工人数却基本没有变化，这说明其生产效率在持续提升。

最后是增长动能。全球化和创新是两个十分重要的增长动力，有不少高增长的隐形冠军来自传统行业，通过全球化实现了快速增长。大多数隐形冠军的研发强度在 6% 以上，有些甚至超过 10%，是一般企业的 2 倍。

2. 竞争力维度

隐形冠军企业首先是技术、质量、知名度和信誉方面的领导者，销售额和销量只是其次。隐形冠军企业能够引领行业的发展方向，成为标准的制定者和竞争对手的标杆，比客户自己更了解他们的需求。

市场份额方面，虽然隐形冠军的绝对市场份额只是略有提升，但用于衡量隐形冠军与最接近竞争对手的指标——相对市场份额（隐形冠军市场份额/最接近竞争对手市场份额）快速提升，这说明隐形冠军在不断拉开与竞争对手之间的差距。

市场份额来源方面，隐形冠军的市场份额是通过卓越的性能、品质、创新和服务赢得的，是优质的（见图1）。隐形冠军企业能够在获得市场份额的同时保持健康的毛利率，甚至提高毛利率。隐形冠军企业的产品通常有 10%~15% 的价格溢价。

图1 隐形冠军通常通过优质路径获得市场份额
资料来源：《隐形冠军：未来全球化的先锋》。
注：相对市场份额和优质市场份额都是非常有用的研究指标，能够帮助我们避开行业集中度非常高但竞争仍然非常激烈的行业，比如快递行业。

隐形冠军企业的竞争力还体现在生产设备、原材料等自主可控，以及较为分散的下游客户群。不少隐形冠军企业不仅倾向于自己生产、拒绝外包，还向上整合原本属于供应商的业务。它们即使外购机器设备，也会对机器设备进行改装和改进，将自主研发和改善机器设备带来的技术优势转化为品牌优势。

一些隐形冠军企业对原材料和中间品的生产也有着非常严格的把控。隐形冠军企业相信，只有具备足够的生产深度和原材料深度，才能提供优质的产品，从而获得品牌溢价。隐形冠军企业聚焦的是产品、技术和服务能力，而不是目标客户群，因此它们服务的客户往往是多元化的，有着较为分散的下游客户群。

除火热的赛道外，隐形冠军也是很好的投资选择

虽然大部分隐形冠军企业存在于 B2B 制造业，但是它们符合全球化的新趋势和国家经济结构转型的方向，生命力反而更强。从统计数据来看，在德国隐形冠军公司里，69% 的公司从事的是 B2B 制造业，20% 的公司从事的是消费品行业，11% 的公司从事的是服务业和其他领域。这 69% 的制造业隐形冠军在数码时代几乎全部活了下来，但 B2C 和服务业的变化相对较大，这些领域的企业面临的跨界冲击会很大。

目前二级市场赛道的投资非常火热，虽然新能源、半导体、CXO（Contract X Organization，研发、生产、销售合同组织，医药外包的俗称）等行业的前景非常光明，有些企业能够持续成长很多年，但这些行业估值过高，还是存在巨大风险的。我们不妨将视野投向广泛分布于各个行业、数量众多、估值合理、且能够稳定增长、生命力更强的隐形冠军企业，对这类企业的投资可能是未来超额收益之所在。

扫码阅读
原文评论

风险提示：本文仅供学习交流，未经授权禁止转载。资料内的言论和观点仅供参考，以上不构成个股投资建议，不构成对投资人的任何实质性建议或承诺，也不作为任何法律文件。投资有风险，入市需谨慎。

趋势 Trend

一个物理系毕业生眼中的元宇宙

元宇宙是与我们所处的现实宇宙共享相同的逻辑,但可能有不同的物理规律和社会体系的系统。

@ 郭荆璞
发布于 2021 年 9 月 15 日

什么是元宇宙?我们不妨从元数学和元语言谈起。

元数学是将数学作为人类意识和文化客体的科学思维及由此而来的知识。元数学起源于 19 世纪的数学危机,当时的数学家试图回答以下极其重要且基本的问题:是否存在某些数学要素,在不同的数学系统中都是可证实或者可证伪的?是否存在一种数学,可以在解释其他数学的同时也能够解释其自身?

元数学的概念由伟大的数学家大卫·希尔伯特提出,他建立了对元数学的正则描述。元数学到目前为止最为人熟知的成就是哥德尔不完备定理:给定任意有限多条皮亚诺算术公理,总是存在一些正确的命题,无法用给定的公理证明(人物见图 1)。

简单来讲,元数学描述的是不同数学系统之间的共同规律。

再来看元语言。鲁道夫·卡尔纳普表述的元语言的定义是:我们用于谈论对象语言的语言就是元语言,也叫作语形语言。也就是说,元语言是用来表示语义系统规则的语言。元语言既可以解释其他的语言,也应该可以解释元语言自身。

元语言不仅用于研究语言,还用来表述其他人文学科的规律。元语言同样是形式逻辑的基础。

简单来讲,元语言描述的是不同语言系统之间的共同规律。

什么是元宇宙?

"元某某",就是一个系统,解释了包含它自身在内的一类系统,是这一类系统的共同规律,而且能够反映其自身。

所以元宇宙是什么呢?

元宇宙是与我们所处的现实宇宙共享相同的逻辑,但可能有不同的物理规则和社会体系的系统。罗素和怀特海的研究深刻地揭示了逻辑与数学的内在联系,因此我们也可以说,元宇宙与我们的数学是一样的,物理规则可以不一样,社会规则也可以不一样。元宇宙保留了宇宙的共同要素,其特殊形式是我们现实生活的宇宙。

最"平易近人"的元宇宙是魔法世界。魔法世界里面有会喷火、四足双翼的 Dragon,两足双翼的 Wyvern,只有双翼的 Amphithere,还有没有翅膀和足、近似大蛇的 Wyrm。我们的现实世界曾经有恐龙和翼龙,现在有科莫多巨蜥和鳄鱼,还有各种鸟类。

这些爬行动物和魔法世界中的龙,区别在于服从的物理规律不一样,现实世界中没有生物能够克服高温喷火。

> 元宇宙本质上是一个抽象的系统和思维。技术和经济体系、区块链和VR/AR，不过是让人们得以窥视元宇宙和连接元宇宙的形式，而不是元宇宙的本质。

所以，基于不同的物理规律而存在的魔法世界，就是一个元宇宙。

元宇宙不一定要基于技术或者经济系统，其本质上是一个抽象的系统和思维。技术和经济体系、区块链和VR/AR，不过是让人们得以窥视元宇宙和连接元宇宙的形式，而不是元宇宙的本质。

图1　青年时代的哥德尔（左）和1912年的大卫·希尔伯特（右）

元宇宙的"圣杯问题"是沉浸感和开放性之间的矛盾

身处资本市场谈论元宇宙，不太可能绕开Roblox。Roblox列出了通向元宇宙的8个关键特征：身份（Identity）、朋友（Friends）、沉浸感（Immersive）、低延迟（Low Friction）、随地（Anywhere）、多样性（Variety）、经济（Economy）、文明（Civility）。

很多人在元宇宙概念火起来的过程中都在研究这8个维度，我相信许多人在仔细研究之后都会产生疑问：这说的都是什么？

虚拟身份、第二人生的概念非常吸引人，这与朋友息息相关，成为虚拟世界社交的基础，而朋友又关联到多样性，身份、朋友和多样性，构成了文明的第一个支柱；低延迟和随地，这两个概念指向时间和空间对技术的要求，这成为进入元宇宙世界的门槛和文明的第二个支柱，目前的通信技术和边缘计算技术，正在致力于满足这些要求；第三个支柱则是经济系统，这成为区块链和币圈争夺元宇宙话语权的主要武器。

那么沉浸感呢？沉浸感为社交带来黏性，对低延迟等技术提出要求。沉浸感对经济系统的意义更是基本的，只有优秀的沉浸感才能促使用户付费。沉浸感事实上是Roblox 8个维度中的交会点。

跳出这8个维度，我们也可以看到沉浸感正是元宇宙最大的魅力所在。元宇宙相对于传统互联网及移动互联网的魅力在于其强调的沉浸感，这种沉浸感是社交深化发展和用户黏性持续增加的基础。

> 元宇宙相对于传统互联网及移动互联网的魅力在于其强调的沉浸感，这种沉浸感是社交深化发展和用户黏性持续增加的基础。

如果元宇宙是新时代互联网的呈现方式，那么我们呼唤的是如同《头号玩家》电影当中的"绿洲"那样的一个个3D虚拟世界。元宇宙可以没有经济系统、没有社交、没有多样性，但是如果没有了沉浸感，它一定一无是处。

然而元宇宙面临的最大挑战同样来自沉浸感，这是因为元宇宙不可能没有开放性。构成元宇宙的系统需要开放各类技术接口给第三方，从而丰富生态，这样才能形成足够大的系统。Roblox从侧面证明了开发者友好和专业用户生产内容（PUGC）模式对元宇宙的重要性。

《荒野大镖客2》的开发团队超过1100人，《原神》团队从上线前的400人膨胀到超过700人，即便如此，成百上千人的创意仍然无法与上

> 谁解决了沉浸感与开放性的矛盾，谁就掌握了元宇宙的"圣杯"。

亿人的用户集体相提并论。对开发者友好就是把百万、千万乃至以亿计数的人拉到自己的那一边。

有很多人推测，未来元宇宙内需要运用区块链技术建立经济系统，以满足开发者与玩家双重身份的要求。无论元宇宙的经济系统如何建立，这都是底层工具提供者建立商业模式、获得收益的出发点。

元宇宙还对设备的开放性有所要求。设备兼容性的意义在于，元宇宙必须支撑海量用户同时在线，这样才能加强设备创造的沉浸感。试想一下一个极其逼真但空无一人或是荒凉得像西伯利亚一样的数字世界，这样的世界如何能够吸引大量的用户长时间在线呢？

支撑海量用户同时在线，除了对通信网络和云计算的要求之外，就是对设备兼容性和低门槛的要求，特别是对普通的智能手机渲染能力的要求。

元宇宙的魅力同时也来自它的开放性，包括开发者的开放性、经济系统的开放性，以及接入设备和身份的开放性。但沉浸感和开放性之间存在天然的不可调和的矛盾，即沉浸感要求开发结果的高标准，而开放性要求开发过程的低门槛。

基于以上论断，我们可以说，谁解决了沉浸感与开放性的矛盾，谁就掌握了元宇宙的"圣杯"。

如今，并不存在现实的方案，既提供可以调整物理规律的数字世界模型，又能够实现低成本、低设备要求且快速的渲染。沉浸感与开放性尚无法共存。

元宇宙不等于全真互联网

一个与现实世界完全一致、具有极致沉浸感的世界，是不是元宇宙的理想呢？我认为不是，道理很简单：我如果在现实世界一帆风顺，为什么会想要沉浸到一个虚拟世界中去呢？我如果在现实世界遭遇诸多不顺，想要在虚拟世界寻找慰藉，为什么会去一个和现实世界一样的地方呢？

元宇宙一定要与现实世界非常像，但又不能太像。也就是说既要有沉浸感，又要有疏离感。

什么是疏离感呢？

我们都知道恐怖谷效应。

恐怖谷理论是一个关于人类对机器人和非人类物体感觉的假设，它在1970年由日本机器人专家森政弘提出（见图2）。研究表明，由于机器人与人类在外表、动作上相似，人类会对机器人产生正面的情感；而当机器人与人类的相似程度上升到一个特定程度的时候，人类对它们的情感反应便会突然变得极其负面；当机器人和人类的相似度继续上升，相当于普通人之间的相似度的时候，人类对它们的情感反应会再度回到正面，产生人类与人类之间的移情作用。

元宇宙如果与现实世界差别太大，比如画面粗糙、人物形象过于简单，那么就无法产生足够的沉浸感；如果与现实世界完全一致，成为全真互联网，那么又失去了虚拟世界与现实世界的区别，会损失大量用户。

> 适当地引入疏离感，基于现实世界，又体现物理规律的不同，这是元宇宙成功的重要因素。

适当地引入疏离感，基于现实世界，又体现物理规律的不同，这是元宇宙成功的重要因素。

我们要建立一个元宇宙，就需要先定义一套物理规则。物理规则能带来沉浸感和与现实世界的疏离感，沉浸感和疏离感则能带来用户黏性。

因此，元宇宙和全真互联网构成了未来互联网世界的两面。也可以说，在千万乃至以亿计的元宇宙中，唯一一个与我们现实世界一模一样的，就是全真互联网。

> 元宇宙一定要与现实世界非常像，但又不能太像。也就是说既要有沉浸感，又要有疏离感。

我们列出了元宇宙与全真互联网的异同（见表1）。

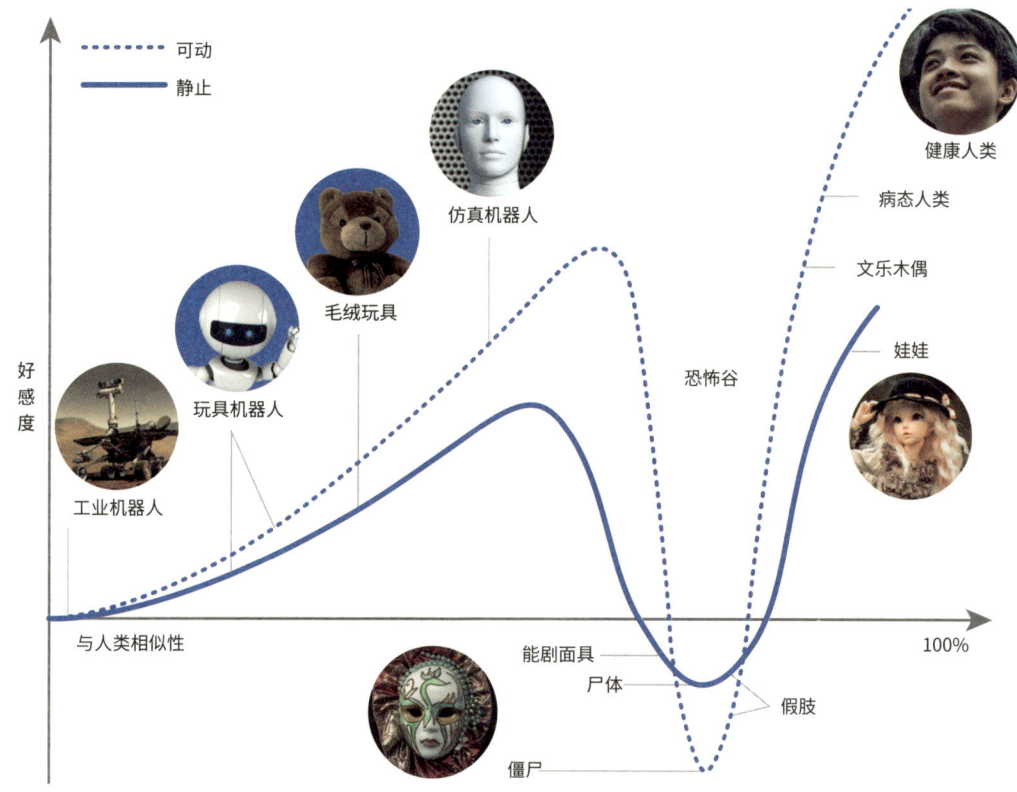

图 2 森政弘提出的恐怖谷

表 1 元宇宙与全真互联网的对比

项目	元宇宙	全真互联网
下一代互联网	✓	✓
线上线下一体	✓	✓
多入口、高连接、低延迟	✓	✓
与现实世界的关系	虚拟世界在数字世界中独立于现实世界存在，人沉浸于虚拟世界	现实世界完整映射到数字世界
——物理规律	可以服从也可以不服从现实	内建物理规律
——社会关系	人与人的关系独立于现实世界	关系反映现实世界
——经济系统	由系统构建系统内信任	与现实世界同步
技术难题与解决方案	沉浸感——VR，多入口、低延迟——边缘计算，信任——区块链	高连接——AIoT，低延迟——5G（6G……）或边缘计算，建模——数字孪生

概括而言，全真互联网是完全沉浸、完整映射真实世界的元宇宙；元宇宙则是生成既有沉浸感又有开放性，同时与真实世界适当疏离的虚拟世界的系统。

扫码阅读
原文评论

风险提示：本文仅供学习交流，未经同意禁止转载。资料内的言论和观点仅供参考，以上不构成个股投资建议，不构成对投资人的任何实质性建议或承诺，也不作为任何法律文件。投资有风险，入市需谨慎。

陪伴 Accompany

在"房住不炒"的大背景下，居民财富将迎来"迁徙"，权益类资产是重要的承接方向。波动是资本市场的重要特征，如何与波动相处，坚持长期投资和价值投资的理念，是每一位投资人需要面对的课题。

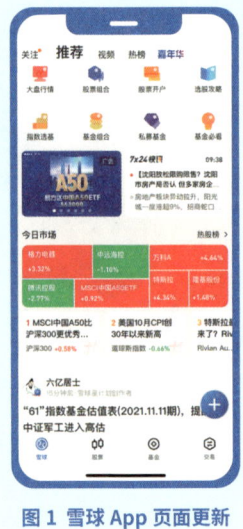

图1 雪球 App 页面更新

把专业内容设计成"地图"：雪球投教再出新招

在雪球社区里，每天会产生海量内容，这些内容或是以长文的形式出现，或是以简明扼要的评论出现，致力于从权益类市场中各个参与方的角度出发，对投资"庖丁解牛"。

雪球起步于投资社区，作为国内领先的集投资交流交易于一体的综合财富管理平台，经过十年的发展，现在已拥有超过4300万注册用户，聚集了中国对投资感兴趣、有见解、对权益类资产接纳度非常高的人群。

同时，也有越来越多的年轻用户进入雪球。信息量丰富之际，雪球也看到了一些用户的"困惑"：不知道自己想要的信息在哪里；没有很多时间沉浸式地"逛"社区。

今年年中，雪球用户体验研究组对于部分雪球用户进行了关于用户使用体验的深入调研。在了解用户需求后，雪球开始思考并着手改版事宜。

历时数月，9月27日，雪球 App（见图1）迎来

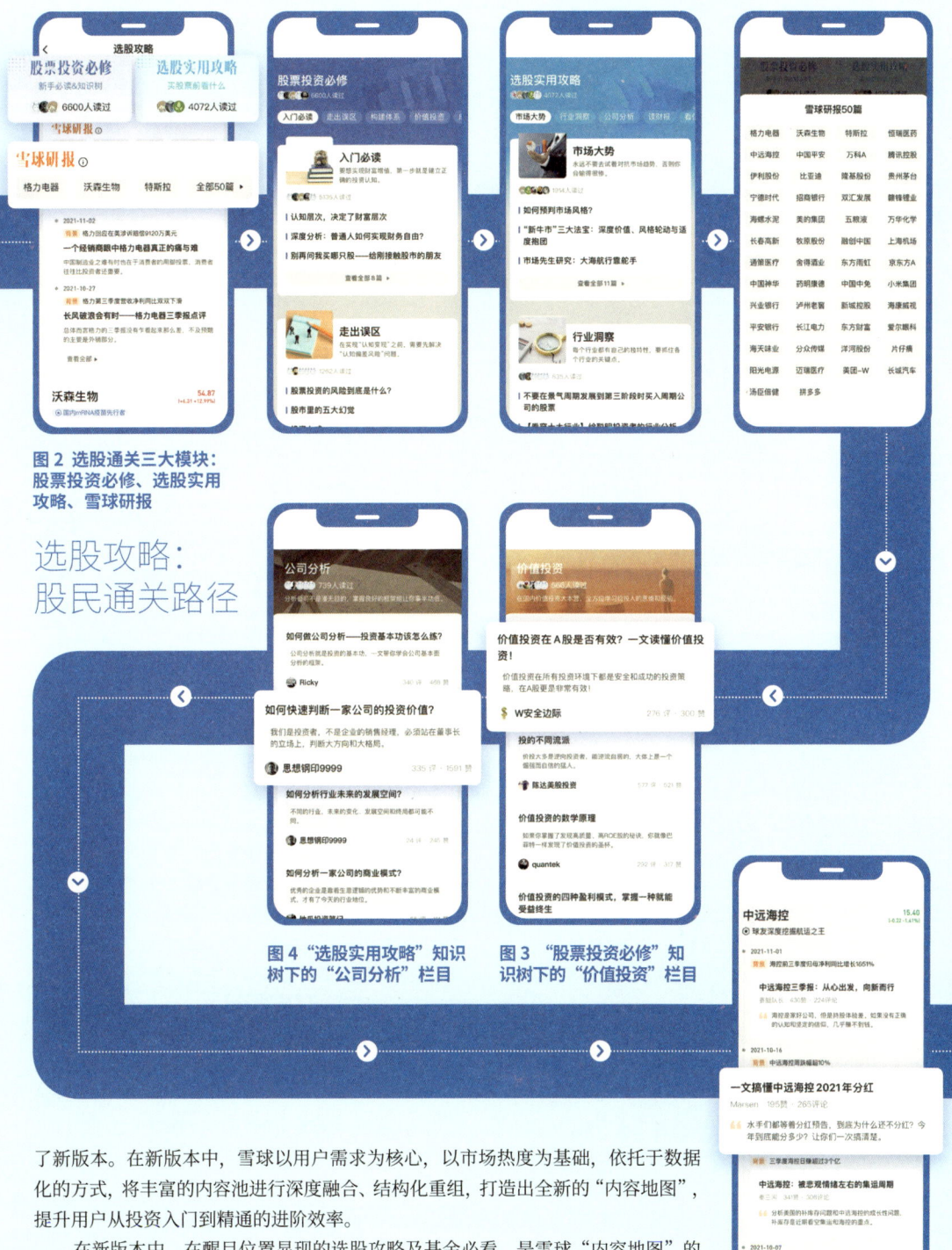

图2 选股通关三大模块：股票投资必修、选股实用攻略、雪球研报

选股攻略：
股民通关路径

图4 "选股实用攻略"知识树下的"公司分析"栏目

图3 "股票投资必修"知识树下的"价值投资"栏目

图5 "雪球研报"知识树下的关于"中远海控"的优质内容集合

了新版本。在新版本中，雪球以用户需求为核心，以市场热度为基础，依托于数据化的方式，将丰富的内容池进行深度融合、结构化重组，打造出全新的"内容地图"，提升用户从投资入门到精通的进阶效率。

在新版本中，在醒目位置显现的选股攻略及基金必看，是雪球"内容地图"的主要载体。选股攻略主要针对股票投资者的投资学习、投资决策需求；基金必看主要针对基金投资者的投资学习、投资决策需求。

证监会副主席阎庆民9月23日在第四批全国证券期货投资者教育基地授牌活动上表示，目前，我国资本市场个人投资者已突破1.9亿，持股市值在50万元以下的中小投资者占比达97%。

面对如此庞大的投资者群体，用专业的内容为他们提供服务越来越重要，雪球"内容地图"则是将专业内容高效呈现给投资者的重要方式之一。

017

图6 基金选择三大模块：基金投资必修、基金经理测评、基金实用攻略

基金必看：基民通关路径

选股攻略：股民通关路径

点开选股攻略，可以在首屏看到三大模块：股票投资必修、选股实用攻略、雪球研报。三大模块是从浅到深、层层递进的关系（见图2）。

截至2021年6月底，我国股票市场投资者数量已达到1.9亿。雪球通过精细化的运营，基于股民投资知识储备量的分层，制订了不同的投教方案。通过用户与用户间、新手用户与资深用户间、用户与雪球间、用户与机构间的多层内容交互体系，给予了投资者立体式的陪伴体验。

要实现财富增值，第一步就是建立正确的投资认知体系。股票投资必修作为股票投资者入门的学习板块，承担了让新手了解股市基本知识、走出认知误区、构建自己的投资体系的功能。在该板块，投资者能够学习到什么是价值投资，什么是成长投资，什么是交易策略，以及巴菲特、段永平、大卫·史文森等"投资大咖"的投资理念。

以该板块的"价值投资"一栏为例，其精选了《价值投资在A股是否有效：一文读懂价值投资》《价值投资的数学原理》《价值投资的四种盈利模式，掌握一种就能收益终生》《邱国鹭谈价值投资者如何止损》等文章。雪球作为国内价值投资的"大本营"，能有效帮助投资者学习价值投资的思维和经验（见图3）。

在了解了股票投资基础知识的基础上，选股实用攻略将带投资者进一步认知如何去辨别市场大势，如何进行行业洞察，如何对一家具体的公司进行商业模式的分析，以及如何读懂上市公司财报，看懂公司估值。此外，还有投资于ETF、可转债、REITs等资产的分享。在这个板块，投资者已经进了投资世界的"大门"，但是大门里面错综复杂、盘根错节，就像一个巨大的

迷宫，如果没有前辈的指引，很容易迷路。

分析单个公司需要投资者构建全面的能力，包括对商业模式、财报、行业竞争格局的研究等。以该板块的"公司分析"一栏为例，其精选了《如何做公司分析——投资基本功该怎么练》《如何快速判断一家公司的投资价值》《如何分析行业未来的发展空间》《如何分析一家公司的商业模式》等文章（见图4）。

在经验丰富的投资者的指引下，投资者在对这个迷宫的每一条路有了解之后，下一步就是对自己感兴趣的投资领域进行深度认知。雪球研报板块，按时间线集结了雪球社区内相关个股的优质文章，有助于投资者全方位了解自己感兴趣的个股。目前，雪球研报根据社区内的讨论热度，筛选出了50家热门上市公司，未来将根据市场热度的变化进行适时调整。

以雪球社区的大热门股"中远海控"为例，截至11月5日，雪球研报精选了《中远海控三季报：从心出发，向新而行》《一文搞懂中远海控2021年分红》《中远海控：被悲观情绪左右的集运周期》《周期股的估值和股价逻辑——以中远海控为例》等19篇优质文章，从财报、经营、行业等各个维度来解剖中远海控（见图5）。

基金必看：基民通关路径

点开基金必看板块，同样可以看到三大模块：基金投资必修、基金经理测评、基金实用攻略（见图6）。三大模块也是由浅入深、层层递进的关系。

截至2019年12月底，公募基金场外自然人投资者账户数为6.0675亿个，是同期已开立A股账户投资者数量1.5874亿个的3.8倍。这只是关于公募基金投资者的数据，而且是近两年前的数据。但是，这样的

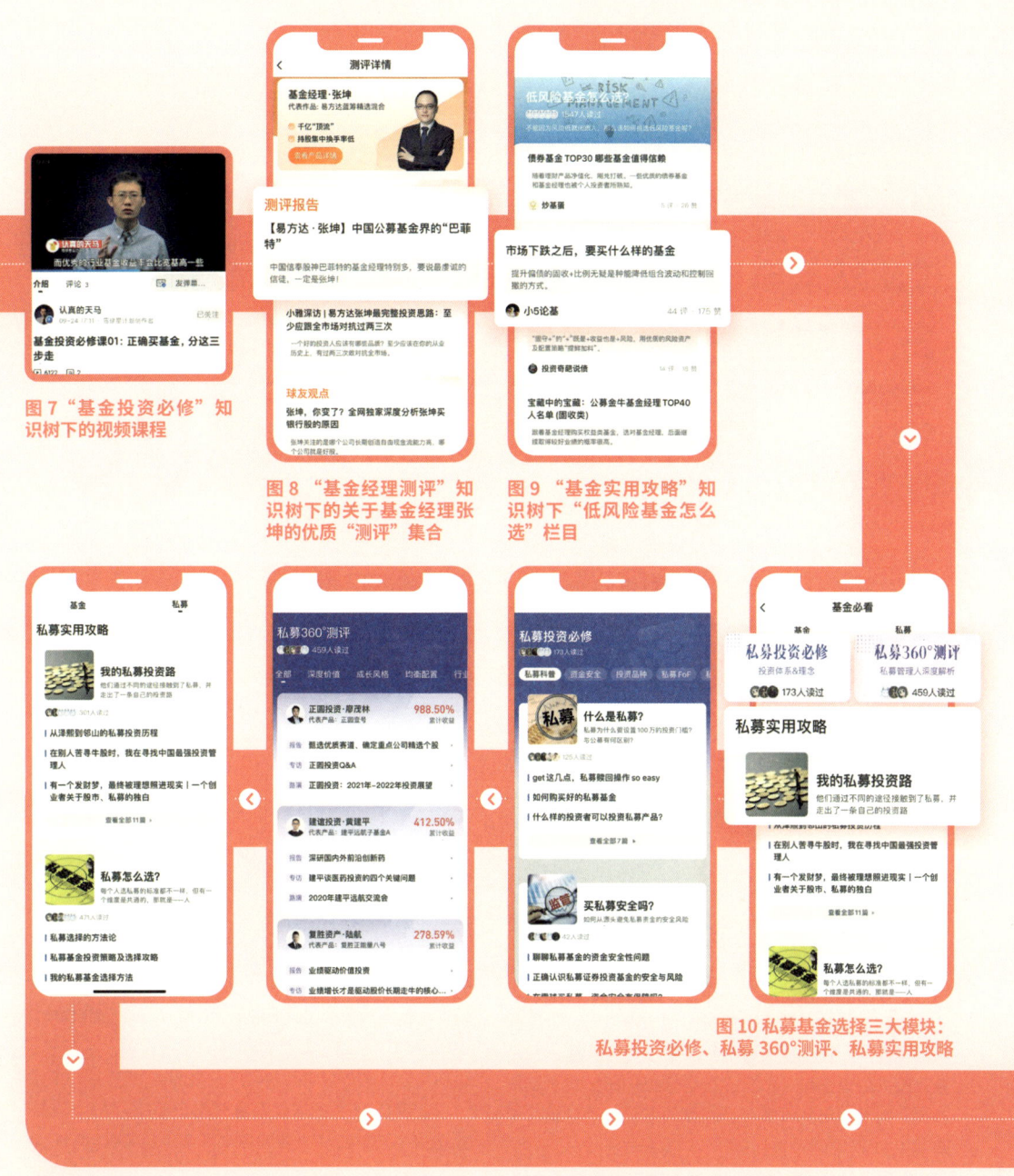

图7 "基金投资必修"知识树下的视频课程

图8 "基金经理测评"知识树下的关于基金经理张坤的优质"测评"集合

图9 "基金实用攻略"知识树下"低风险基金怎么选"栏目

图10 私募基金选择三大模块：私募投资必修、私募360°测评、私募实用攻略

一组数据已经可以表明，近几年，基金投资者大增，基金已经成为证券投资的主流渠道。基民数量大幅增长，催生了针对基民的投教需求。

公募基金投教

在基金投资必修板块，雪球邀请了10名雪球资深用户录制了10堂课，以视频的方式向投资者输出投资基金的基础知识（见图7）。课程内容包括：正确买基金分这三步走、为什么要投资、为什么选择基金、认清资产收益的来源、什么是长期主义、了解自己的投资需求、如何找到适合自己的基金、学会淡定应对市场涨跌、利用基金做好家庭资产配置。

在基金经理测评板块，投资者能在这里看到各家基金公司多位基金经理的全方位报告（见图8）。测评内容均来自于用户发布在雪球社区的文章。从这些测评文章中，投资者可以观察到基金经理的投资风格、投资策略，从而判断是否能和自己的投资需求匹配。该板块力求展现基金经理的"全貌"，以期让投资者不因为其个人"名气"就做出投资决策。

基金实用攻略板块下辖五大栏目，囊括了投前必看、如何选基、买卖技巧、投资策略、实战心得。对

图11 "私募投资必修"知识树下"什么是私募"栏目

图12 "私募360°测评"知识树下"均衡配置"风格基金

图13 "私募实用攻略"知识树下"私募怎么选"栏目

于已经具备基金基础知识的投资者来说,该板块内容是进阶的必经之路。

私募基金投教

相较于公募,私募的投资门槛更高,同时也更加复杂,因此,很多投资者对于私募投资的特征以及私募管理人缺乏了解。私募投资必修板块通过数十篇科普文,向入门级的投资者全面介绍了私募的常识(见图11)。

私募360°测评是对于私募管理人深度解析的板块。在该板块,投资者能了解到私募基金经理的擅长领域,以及其关注领域的投资观点和策略。不过,因为私募市场有投资者的合规要求,所以要看到某只产品的业绩收益,需要先进行合格投资者认证(见图10、图12)。

如果是具备资格的投资者,在准备购买私募产品的时候,私募实用攻略将进一步丰富你的投资知识。如在"选私募要看哪些指标"一栏中,通过多篇文章的介绍,投资者能了解到投资私募,应该从哪些角度去观察管理人和产品;在"私募怎么选"一栏中,投资者能深入浅出地理解选择私募的方法,以及如何去认识一家私募基金管理人(见图13)。

综上,在为投资者提供独特服务价值的同时,雪球因良好的社区生态和用户基础,深受众多公募基金公司、私募基金公司、证券公司、证券基金行业媒体、上市公司以及政府监管机构等的广泛认可,承担起了机构与投资者进行交流互动的桥梁的角色。

尽管雪球平台拥有海量的用户UGC内容沉淀,但在用户进行交易决策的各个环节,想要找到自己真正需要的内容,犹如大海捞针,一个搜索功能并不能完全解决用户的需求。雪球通过大数据算法技术以及人工筛选和再编辑,将符合投资者教育特征的优质内容通过主题连接、深度融合、有机重组的方式,探索出覆盖股票和基金的"内容地图",更好地辅助投资者做出投资决策。⊗

扫码下载雪球App

风险提示:本文仅供学习交流,未经授权禁止转载。资料内的言论和观点仅供参考,以上不构成个股投资建议,不构成对投资人的任何实质性建议或承诺,也不作为任何法律文件。投资有风险,入市需谨慎。

陪伴 Accompany

散户亏损的根本原因到底是什么?

认清、夯实、扩大自己的能力圈，虽然枯燥，却是散户在投资中摆脱长期亏损必须要做的事。

@ 研评阁
发布于 2021 年 8 月 13 日

有个问题一直谜一样地存在于资本市场中，那就是为何不管是牛市还是熊市，不论是买股票还是买基金，散户总在亏损。

几十年过去了，这样的亏损周而复始，但散户依然"前仆后继"。散户亏损的原因到底是什么呢？

这个问题我也早有关注，只是之前停留在"散户亏损"这个事实上，并没有深入分析内在原因，但不究其根源是永远无法越过亏损这道坎儿的。很多人亏到一定程度后才幡然醒悟，但多半为时已晚。

从表面上看，散户亏损的原因有千千万万种，亏损的情况也各不相同，毕竟投资是人与市场共同作用的结果。但我认为亏损的根源只有一个，那就是做了能力圈之外的事。

这并不是一家之言，而是经过长期的观察和研究得出的结论。

当前市场投资风格无外乎两种类型：股权投资类和技术分析类。前者把股票当作资产，后者把股票当作工具。长期看，股权投资类投资者中，只有少数幸运者可以做到持续盈利；而技术分析类投资者几乎是全军覆没式亏损。

技术分析派的深渊

技术分析类投资者把股票当作投资工具，而非公司的一部分所有权，这是其失败的根源。这类投资者盈利的出发点就已经错了，这已经不是能力圈范围的问题。

这类投资者只在乎技术分析和技术预测，喜欢追逐热点和题材，甚至跟庄。这些根本不是散户的能力圈，更不是投资者应该构筑的能力圈，所以亏损是必然的。

既然在投资的历史长河中，技术分析的结果可以预见，为什么还有众多散户去做技术分析呢？

根本原因在于这类散户最先接触的投资思维就是技术分析，这种信念早已深入骨髓，即便是亏损，他们也无法改变自己。

这种信念是固执的。就像有人相信靠彩票、赌球可以实现大富大贵，有人相信努力工作可以安居乐业，投资也是一样的道理，这种信念决定了一个人的行动方向。坚信技术分析的投资者永远都会把 K 线分析当作第一重要的事。

在国内投资领域，就是因为早期出现了大量的技术分析派，所以才出现股市标准的二八定律。他们造成的影响到现在都没消散。这种投资启蒙环境已经毒害了一批又一批散户。大家可以看一下市面上的投资书籍，多数是关于 K 线、各种指标的技术分析。一些所谓的专家也是采纳"马后炮"式的技术分析。

对于刚入市的"小白"而言，首先要知道如何才能赚钱。大家不妨想一想，你们是通过什么样的策略在股市中赚钱的。

国内的投资启蒙基本都是技术分析，而且引经据典、案例丰富，甚至给"小白"描绘出一个光明的致富前景。在这种环境下，技术分析就像毒药般慢慢渗透"小白"的思维，而后"小白"开始坚信技术分析是投资实现盈利的法宝，甚至是暴富的唯一途径。

这种信念一旦扎根，亏损的大门就此开启，而之后的操作只不过是这个"毒药"蔓延的日常事务而已。

从本质上看，散户如果最开始对投资理念理解错误，那么就会在亏损的道路上一条道走到黑。

那么如何解决这个问题呢？

心病终须心药治，解铃还须系铃人。要想解决这个根源性的问题，就得彻底打碎早期根植于内心的信念。

事实上，很多散户直到最终离开股市也没能从那个暴富的梦中醒来。

对于投资"小白"，没有什么好的办法。我见过最多的是亏到一定程度，当自己痛彻心扉时，才最终醒悟。当然，也有段位比较高的投资者，在环境熏陶下，早早撇开执念。

投资者之所以难以改变，是因为这种信念先入为主，早已在人的内心生根发芽。就像学习语言一样，一个不管在哪国出生的婴儿，把他放在什么样的语言环境里成长，他就会什么样的语言。他如果再学习别的语言，甚至要把最开始会的语言彻底忘掉，是要花费极大功夫的。

想改变这类人的投资思维，不是三言两语就能做到的。多数人是在亏损的过程中慢慢改变，过程虽然比较艰难，却是一段宝贵的心路历程。这类投资者毕竟在牛市受过技术分析的恩惠，如果没有无数次的打击，依然很难认清自己。

热衷技术分析的这类散户的亏损，我归结为能力圈之外的亏损。因为这不是能力圈的问题，而是投资的出发点就已经错了，之后做得再多，也只是"想盈利却仍亏损"的挣扎而已。

股权投资者的病因

股权投资，听起来比较靠谱，而且近几年国内对格雷厄姆、巴菲特的价值投资甚为推崇，但这类散户中依然亏损者居多。

尽管这个大方向是没错的，但只有大方向是完全不够的，就像你要吃红烧肉，给你一头猪你就能吃到吗？当然不能，从猪到红烧肉，这之间有太多的工作要做。

简单来说，股权投资类散户亏损的根源在于没有真正理解公司，经常做能力圈之外的事。

我说的是没有真正理解公司，事实上很多人以为自己理解公司了，殊不知只是停留在表面而已，甚至连理解的大门都没进。没有真正理解就贸然投资，这是散户亏损的根源。

下面简单举几个例子。

1. 浮于表面

这类投资者对公司的了解仅限于表面，平时谈谈公司产品、主要业务尚可，但如果再深入一点，基本一无所知。

就拿最近大火的新能源来说，很多人虽然知道某公司是卖什么产品的，对公司经营情况也略知一二，但再往深处探讨，比如问及产品竞争力、客户群体、未来规划、市场规模等，他们就哑口无言了。

这类投资者就属于浮于表面型，股价只要来一个不大不小的回撤，他们就立马被打回原形。

最近隆基股份回调，有人卖出又买入就是一个很好的例子。还有的投资者被药明康德套了快10个点就心慌意乱，这是典型的内功没有练好就贸然买入，很容易陷入被动局面。

2. 假装理解

这类投资者最大的毛病就是异常坚信买入的公司，在买入后经常发布看多言论。如果有人说一点不是，他们就立马反击。

投资需要坚定的信心，甚至需要一点信仰，这没有错，但如果只是为了给自己"壮胆"而刻意唱多，就太过牵强了。

持有股票的底气不是来自表面的声张，而是发自内心的认知。

当股价上涨时，看似一切都合情合理，信心倍增，犹如"股神"；但只要公司出现利空、股价出现波动，立马底气全无，甚至止损出局，到头来不过是在骗自己而已。

假装很理解一家公司，这在持续盈利时有效，但在波动市场中经常碰壁，因为这种理解是没有底气的。

3. 命由他定

这类投资者比较有自知之明，深知自己不是炒股的料，干脆把命运交给专业人士，比如财经大V、游资、私募基金经理等，看他们推荐什么股票，然后跟风买入。

这类投资者的盈亏完全掌握在他人手中，收益高低也全凭信任的对象。其听信的人如果是个"大牛"还好，但万一是个"江湖术士"，自己的投资就全完了。

尽管选人是一件非常难的事，选择优秀的基金经理却相对容易。不如老老实实把钱交给专业的基金经理管理，这样既避免入坑，又省心省力。

4. 长期跟踪

这类投资者往往能在市场中跑赢多数人，但长期跟踪只是了解公司的必要条件，而非充分条件。

有些人跟踪只是泛泛地看一些历史资料、财务报表，而有些人则很用心地研究商业运作模式、战略规划。

第一类人的跟踪只是敷衍了事，看似对公司的分析做了大量工作，实际只是为了证明自己在跟踪而已；第二类人的跟踪则是更实际地扩展自己的能力圈，感受公司的经营发展，同时也增强自己的商业嗅觉。

这两类投资者的差距显而易见。要想成为第二类投资者并不容易，但投资的难处也正在于此，既要花时间，又要花精力，而且研究的事情多数索然无味。

没有真正理解投资的公司只是这类散户亏损的表象，在能力圈外投资才是多数散户亏损的根本原因。看不清这个事实，就很难在股市盈利。

能力圈原则——
不懂就坚决不碰

技术分析派的亏损是投资门槛以外的亏损，而股权投资者的亏损则是因为没有固守自己的能力圈。

理解本身是没有对错之分的，不管你对公司有什么样的理解，都建立在个人的认知之上，但认知有能力圈大小之分。如果不是真正理解一家公司，你就不要去投。你如果投了，这个错不能算在你不理解这家公司上，而是算在你违背了能力圈原则——不懂就坚决不碰。

有多大的能力圈就做多大范围的事，你如果嫌收益太低，那就扩大自己的能力圈。巴菲特到80岁左右才买科技股，无非是充分构筑了科技这个能力圈后才做的决定。巴菲特如果不去研究、追踪科技股，那么到最后也只能守着大消费、银行玩一辈子。

有些人有能力圈这个意识，比如他们会深入研究消费、医药等；还有些人压根不知道自己的能力圈在哪里，最后只能稀里糊涂地赚，再稀里糊涂地亏。

在我看来，根除亏损的药方只有一个，那就是认清并固守自己的能力圈；而让盈利不断扩大的最好办法也有一个，那就是夯实并扩展自己的能力圈。

扫码阅读
原文评论

风险提示：本文仅供学习交流，未经授权禁止转载。资料内的言论和观点仅供参考，以上不构成个股投资建议，不构成对投资人的任何实质性建议或承诺，也不作为任何法律文件。投资有风险，入市需谨慎。

陪伴 Accompany

股票被深度套牢怎么办?

@ 思想钢印 9999
发布于 2021 年 9 月 20 日

从理论上讲,投资决策的背后是风险收益比的衡量,和精密的计算有关。但如何衡量,在行为金融学中,又是千人千面。知道自己为何一步步走向巨亏,又或是一有盈利就拿不住,或许更能帮助你找到对应之策。

"钢大,某某股票巨亏,怎么办?"

"钢大,某某股票赚了不少,要不要先卖掉一点?"

股票亏了或赚了之后怎么办?这一类问题是我被问及最多的。

理论上说,我们时时刻刻都在对风险收益比进行判断,这个判断是基于基本面和市场风格偏好的,与你之前是巨亏还是大赚没有任何关系,与你的买入成本也没有关系。

但我们是人,是人就有情绪、有记忆,没有人能完全摆脱过去的盈利和亏损对自己判断力的影响。与其空喊"忘掉成本"的口号,不如从行为金融学的角度好好思考。只有清楚自己为什么会一步步走向巨额亏损,或者为什么盈利一多就拿不住,才能找到相应的对策。

我们或许可以从前景理论中找到理论依据,心理学家卡尼曼(Kahneman)"将来自心理研究领域的综合洞察力应用在了经济学当中",据此摘得了 2002 年度诺贝尔经济学奖的桂冠。

> 当我们的可选项中有"确定性的收益"时，我们会成为"风险厌恶者"，无法再接受预期收益更高但有一定不确定性的选项。

盈利后的风险厌恶

行为经济学是一个描述性学科，它用实验的形式，描述人们行为上的某些规律性特点。以下四个实验全部来自卡尼曼和特维斯基的论文——《前景理论：一种风险条件下的决策分析》。

实验一：

你觉得哪一个选项更有利？

a：20%的概率得到4000元
b：25%的概率得到3000元

很明显，选项a的预期收益为4000×20%=800元，选项b的预期收益为3000×25%=750元，所以a的预期收益高于b。

实验一的结果也表明，65%的人选择a，35%的人选择b。这说明大部分人都能在这种情况下做出理性的选择。

再来看实验二：

a：80%的概率得到4000元
b：100%的概率得到3000元

选项a的预期收益是4000×80%=3200元，高于选项b。但实验二的结果是：80%的人选择b，直接拿走3000元，只有20%的人选择a。

看上去是选择b的人数学学得不好，实际上却展现了真正的人性，就是俗话说的"二鸟在林，不如一鸟在手"。

实验一和实验二的区别何在呢？

区别是实验二中有一个100%确定的选项。大部分人因为对概率缺乏直觉，所以只要出现确定性的选项，就会把这个选项当作参照系，与别的选项进行比较。

人们会把这100%可以得到的3000元看成自己口袋里的钱，在此基础上评估选项a。所以实验二的选项a在我们大脑中实际呈现的不是"20%的概率收益为0"（看到选项b之前的参照系），而是"20%的概率损失3000元"（看到选项b之后的参照系）。

这就是前景理论的第一个结论的前半段：当我们的可选项中有"确定性的收益"时，我们会成为"风险厌恶者"，无法再接受预期收益更高但有一定不确定性的选项。

当然，这只是一个经过调查得出的实验结果，不是一个经过推理得出的绝对结论。不同的人有不同的选择，比如有人可以放弃保送复旦大学的机会，去考清华大学，你可能不理解；但如果保送的机会是更普通的985院校，你就可以理解了。

这个理论在投资上有何意义呢？

我们可以把实验二转换成投资的情境：

当你买入一只股票，浮盈3000元后，你面临两个选择：

a：卖出，100%的概率获利3000元

b：继续持有，有80%的概率获利4000元，也有20%的概率回到买入价

按前述前景理论的实验结果，80%的投资者会选择落袋为安，只有20%的投资者会选择继续持有。

这个结论在现实中也确实有数据支持。我在《股东数变化暗藏玄机，散户的四个致命操作习惯》一文中曾写道：大部分情况下，在股价上涨过程中，股东户数会下降，代表大部分散户在股价上涨过程中更倾向于卖出。

很多人认为，这根本不是"损失厌恶"，而是价值投资。股票涨了之后，风险收益比降低，当然要卖。

这样的看法显然是把价值投资理念凌驾于投资的基本常识之上。

当我们卖出一只股票，应该考虑的不是这只股票本身有没有价值，而是它与现金或其他股票比较，哪个风险收益比更高。实际上，理性投资者的决策再现了实验一的情景：

a：换成A股，20%的概率赚4000元，80%的概率持平

b：持有B股，25%的概率赚3000元，75%的概率持平

大部分投资者发现换成A股的预期收益更高，所以卖出B、换成A。

甚至，如果你是一价值投资者，你需要隐藏K线图，完全依靠基本面和估值，选出风险收益比更高的公司。

说完了投资者面对浮盈时的心态，再来看一看前景理论描述的其面对浮亏时的心态。

当我们的可选项中有"确定性的损失"时，我们就会变成"风险偏好者"，宁可冒着遭受更大损失的风险，也要摆脱这个确定的损失。

浮亏时的风险偏好

实验三：

a：20% 的概率损失 4000 元（预期损失 800 元）

b：25% 的概率损失 3000 元（预期损失 750 元）

实验三的结果符合理性投资者计算的结果，42% 的人选择 a，58% 的人选择 b。

实验四：

a：80% 的概率损失 4000 元（预期损失 3200 元）

b：100% 的概率损失 3000 元

这一次，大部分人的数学又不灵了，92% 的人选择预期损失更大的 a，仅有 8% 的人选择预期损失小一点的 b。

原因同样是参照系，实验四中有一个 100% 确定的选项——亏损 3000 元。这个选项会让你面对无法承受的亏损，从这个参照点出发，你自然认为选项 a 还有机会——尽管这是一个预期损失更大的选项。

这就是前景理论的第一个结论的后半段：当我们的可选项中有"确定性的损失"时，我们就会变成"风险偏好者"，宁可冒着遭受更大损失的风险，也要摆脱这个确定的损失——并且这个偏好达到 92%，比前半段面对收益时的"风险厌恶偏好"的 80% 更强烈。

拥有这种心态的人，最极端的例子是赌徒：一开始他们比较能控制住风险，但输到一定程度后，就"输红了眼"，拼命放大风险偏好，想要把输掉的钱赢回来。

将上述两个实验转换成投资中的情况，实验四就是散户被套。

当你在一只股票上被套 3000 元时，你面临两个选项：

a：等待，80% 的概率加大亏损至 4000 元，20% 的概率回本

b：割肉，100% 的概率亏损 3000 元

实验结果也说明，大部分人亏损到一定程度就不愿意割肉了。

有人可能会说，这个实验中，选项 a 的预期损失大于 b，但在炒股被套后，却不一定如此，毕竟股票下跌后更有性价比。

确实有这个可能，我们可以想一想，你如果现在没有被套住，那么愿不愿意买这只股票呢？如果你不愿意，这说明在你的理性判断下，买入（套牢状态下的持有）的预期收益更低。

此时，你不"割肉"的决策并非基于价值投资理念，而是基于前景理论描述的，为了回避确定性亏损（"割肉"）而宁愿放大"风险偏好"，持有你内心深处已经不再认可的股票。

前景理论在股市投资中的结论如下：

当你盈利时，你是一个风险厌恶者；当你亏损时，你又变成了一个风险偏好者。这个心态导致我们无法在长牛股上持续获得长期盈利，可一旦买入经营反转向下的公司，却可能承受巨大亏损。

行为金融对人的影响是潜移默化的，很多投资者在分析公司时，处于实验一、三的纯理性状态，但在实际操作中，却不知不觉地进入实验二、四的非理性状态。

要想避免这个转化过程，我们就需要知道自己为什么会进入实验二、四的状态。

浮盈到何时会发生风险厌恶？

之前分析实验二时，我说了一个特点：由于获得 3000 元是一个 100% 确定的选项，你就会把这 3000 元的浮盈看作自己口袋里的钱，并以此为参考评估另一个选项，从而发生"风险厌恶"。

但投资中的心态是复杂的，在浮盈 3000 元之前，你一定经历了浮盈 2000 元、1000 元的状态，为什么那时你没有发生"风险厌恶"呢？

实际上从你赚钱开始，你就发生了"风险厌恶"，在潜意识中想要落袋为安。

为何会有这样的意识呢？我

人们在做投资决策时，更在乎边际变化，而非绝对值，之前赚钱的经历会提升你对赚钱概率的判断能力，但边际效用会递减。

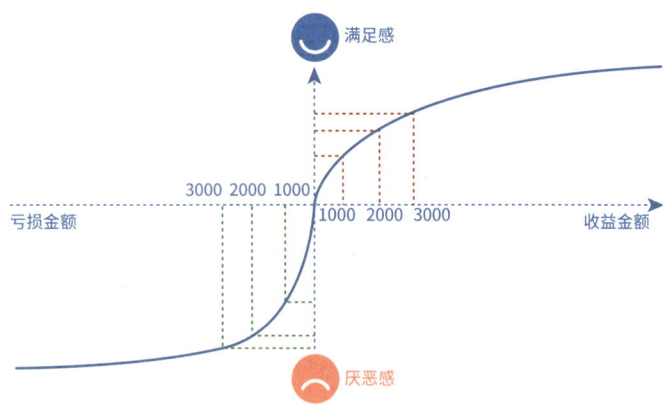

图 1 投资盈亏对应的心理变化

们可以从经济学的边际效用递减规律中找到答案。图1的横坐标代表你的实际盈亏,纵坐标代表这些盈亏带给你的满足感和厌恶感。

边际效用递减规律描述的是右上角的一段凸曲线。你赚的第一个1000元,给你带来的满足感是非常高的,让你觉得之后继续赚钱的概率很高(该点的导数),足以弥补1000元的"风险厌恶"。但到了第二个浮盈1000元,给你带来的效用就开始降低了,而你面对的是2000元的"风险厌恶"。这个此消彼长的过程,会一直延续到你无法承受为止。

这就是前景理论的第二个结论:人们在做投资决策时,更在乎边际变化,而非绝对值,之前赚钱的经历会提升你对赚钱概率的判断能力,但边际效用会递减。

所以,当你兑现浮盈的冲动强烈到抵消了赚钱的幸福感时,就是出现"风险厌恶"的逆转时期。此时,你需要忘掉K线图,让自己回到实验一的理性状态,回到公司的基本面,并重新对其进行判断。但在此之前,你需要把软件里的成本改成现在的价格,并且反复说服自己一个观点:

你的上一段投资经历已经结束了,现在你投入的每一分钱都是你的资本金,没有一分钱是浮盈。你需要在零起点上将这家公司与其他公司进行中立的比较。

人在赚钱时急于兑现,但在面对浮亏时,心态恰恰相反——不愿面对。

心态止损法

前面分析过,实验四中出现了确定的选项"100%的概率损失3000元",这会让你面对无法承受亏损的恐惧与"割肉"的屈辱,从而接受更差的风险收益比。

所以这里同样有一个问题:浮亏3000元之前,你一定经历过浮亏1000元,那么你的风险偏好是何时开始增加的呢?

图1的左侧描述的是面对亏损时的效用曲线,是一段凹曲线。从图中可知,刚开始损失带来的风险厌恶感是最强烈的,按照前面的说法,这一段亏损的经历会提升你对未来亏钱的判断能力,增加你的风险厌恶感,让你早早卖出。

事实上也是如此。

有人统计,在投资中,亏损在5%~10%范围的"割肉",是相对容易的;亏损一旦超过10%,就很难下定决心——表面上,你还是在客观地研究公司的基本面,实际上,你的心态已经发生了巨变。

更糟糕的是,亏损的边际效用也是递减的,在第一段浮亏之后,每增加一段新的浮亏,其增加的痛苦感就少了一分——这是一个让人渐渐麻木的过程。

但同时,你清楚地记得自己的成本,只是不敢想已经亏了多少钱,只好安慰自己这只是暂时的浮亏——实际上这是你的风险偏好在不断上升。

所以有人提出用止损来保护自己,但长线价值投资者在买入股票后出现10%以上的浮亏是非常常见的,止损并不可行。

我的建议不是基于价格的止损,而是在亏损后发生"风险偏好增加"的临界点做到"心态止损":

当你觉得自己渐渐从亏损的痛苦中"走出来",恢复"平静",这其实就是陷入了麻木的状态,是一个极度危险的信号。任何巨亏发生之前,都有这样一个临界点,这是你拯救自己最后的机会。

"心态止损"就是先将持股卖出几天,让这笔亏损既成事实。几天后,当你的心态恢复到不存在这笔亏损时,你再重新和其他公司一

> 当你觉得自己渐渐从亏损的痛苦中"走出来",恢复"平静",这其实就是陷入了麻木的状态,是一个极度危险的信号。

你的风险偏好正常吗？

起评估其风险收益，如果你仍然觉得合理，再慢慢重新买入，以期获得一个新的心理成本。

行为金融的结论，不是推理，而是对现状的统计与描述。结论总是一部分人选择 a，另一部分人选择 b。理论虽然总是关心大部分人的结论，但对选择相反的小部分人来说同样有意义。

很多人在看这篇文章时，心里会产生这样的想法：我根本不是这样想的。道理很简单，你就是少数人。而且股票投资者中，高风险偏好的投资者占比必然超过正常人。

所以，你还应该清楚你的风险偏好处于何种水平。这里有一个简单的测试。

你认为哪一个人更能吸引你进入股市？

同事 a：这些年总体收益不错，比买理财产品强

同事 b：贷款炒股，暴赚十倍，一举实现财务自由

你如果选择同事 a，就是一个风险偏好正常的人，本文的大部分结论适合你；你如果选择同事 b，那么很可能是一个风险偏好异常的人，本文提到的很多股民的心态，你可能没有。

比如，你更擅长追涨杀跌，套牢股"割肉"毫无心理负担；或者，你可以不受浮盈的影响，像巴菲特一样长线持有你认可的公司。

还有，如果你家境殷实，与本文的结论并不冲突，但你可能在某一个财富区间内风险偏好高于常人。

当然，风险偏好异于常人，没有常人所具有的弱点，也不代表你是一个好的投资者。你可能对风险收益的变化过于敏感，反而会陷入盲目操作；或者相反，你对长期逆转的"灰犀牛"风险过于迟钝。

所以，投资不存在绝对的对与错，不同的人对待风险收益有不同的效用曲线，最重要的是，在这条曲线上找到你能稳定盈利的点和最容易出现的非理性盲区。

扫码阅读
原文评论

风险提示：本文仅供学习交流，未经授权禁止转载。资料内的言论和观点仅供参考，以上不构成个股投资建议，不构成对投资人的任何实质性建议或承诺，也不作为任何法律文件。投资有风险，入市需谨慎。

陪伴 Accompany

基金经理管理多只基金,投资者该如何优选?

对基金经理管理的多只基金进行优选是非常细节化的事情,而超额收益有时就见于细节之中。

@ 二鸟说
发布于 2021 年 9 月 22 日

做好主动权益基金投资,优选自己信赖的基金经理非常重要。但是基金经理通常会管理多只基金,投资者该如何优选呢?

要想优选基金,梳理产品特征是必修功课。我们在基金公司的官网或是第三方基金销售平台的页面,都能找到基金经理管理的多只产品信息。通过阅读基金合同,尤其是"基金的投资"这一章节,我们能够知晓基金的投资范围、投资策略,然后进行相应的归纳整理。梳理完毕后,基金经理管理的所有基金的特征就清晰地展现在我们面前了。

在归纳整理之后,我们可从基金的可投资市场、资产配置、运作方式、投资策略、基金规模等角度进行优选。

从可投资市场视角优选基金

从可投资市场的角度看,基金大致可以分为 A 股市场投资基金,"A 股+港股通"投资基金,以及可投资于港股、美股等的 QDII 基金。以张丹华为例(见表1),他管理的"嘉实文体娱乐股票 A"的定位是 A 股市场投资基金,"嘉实前沿科技沪港深股票"的定位是"A 股+港股通"投资基金,而"嘉实全球互联网股票"的定位是 QDII 基金,主要投资美股与港股的互联网企业股票。

基金可投资市场的差异会带来长期投资收益率的差异。只投 A 股与可投港股的基金,都有长期业绩很好的案例。一般来说,不擅长投资港股的基金经理，即便有港股的配置权限也会低配港股；而擅长投资港股的基金经理，在港股市场出现机会时，则会适度高配。

港股市场是A股市场的有益补充，许多在历史上不符合A股上市条件的优质公司都在港股上市。在"中概股"回归的大背景下，港股市场可投资的标的就更多了。对基金经理而言，能多一个投资市场选择，总比投资受局限要好，毕竟基金经理可以自主决定是否投资港股以及港股的仓位。

对于资产管理规模较大、超百亿元的基金经理来说，A股市场的可选标的往往比较有限。因此，基金经理有港股通的投资权限十分必要。目前，我们也看到越来越多规模较大、只能投资A股的老基金在召开基金持有人大会，协商增加港股的投资权限。

> 对于资产管理规模较大、超百亿元的基金经理来说，A股市场的可选标的往往比较有限。因此，基金经理有港股通的投资权限十分必要。

表1 张丹华管理的基金与市场定位

基金代码	基金名称	投资市场定位
003053	嘉实文体娱乐股票A	A股市场基金
004450	嘉实前沿科技沪港深股票	"A股＋港股通"投资基金
000988	嘉实全球互联网股票（QDII）	港股与美股投资为主

从资产配置视角优选基金

从资产配置的角度看，基金经理可能同时管理了偏股型基金、偏债型基金以及股债平衡型基金。到底选择哪一类基金进行投资，这要看投资者的风险偏好以及投资定位。

以张清华为例（见表2），他管理的"易方达新收益灵活配置混合A"的定位是灵活配置的偏股型基金，"易方达安盈回报混合"大概持有一半的股票和一半的可转债，表现出股债平衡型基金的特点，而"易方达裕丰回报债券"的定位是股二债八的二级债基。

不同的股债资产配置的基金，在风险收益特征上差异很大。投资者应根据自己的投资目标、能够承受的回撤进行合理选择。低风险偏好的投资者主要选择偏债型基金或二级债基，同时可以关注相关基金的可转债投资仓位；高风险偏好的投资者可以重点考虑偏股型基金；风险偏好适中的投资者，或者当股市投资机会一般的时候，可着重考虑股债平衡型基金。

> 不同的股债资产配置的基金，在风险收益特征上差异很大。投资者应根据自己的投资目标、能够承受的回撤进行合理选择。

表2 张清华管理的基金与资产配置策略定位

基金代码	基金名称	资产配置策略定位
001216	易方达新收益灵活配置混合A	偏股型灵活配置基金
001603	易方达安盈回报混合	股票与可转债平衡型基金
000171	易方达裕丰回报债券	股二债八的二级债基

从运作方式视角优选基金

从运作方式的角度看,基金经理可能会同时管理开放式基金、封闭式基金以及持有期基金。比如萧楠(见表3),管理了开放式基金"易方达消费行业股票",封闭期基金"易方达科顺定期开放灵活配置混合",以及持有期基金"易方达高质量严选三年持有期混合"。近年来,为了避免投资者因短期追涨杀跌行为导致的"基金赚钱,基民赔钱"的痼疾,越来越多的基金公司开始发行持有期基金。

投资者如果能够约束好自己的内心世界,避免出现低位卖出的问题,而且在未来某个时刻可能有流动性的需求,那么持有开放式基金是不错的选择。

封闭式基金的发行则相对较少。对于封闭式基金而言,投资者在基金封闭期内不能进行申购。对于非上市交易的封闭式基金而言,投资者在封闭期内既不能赎回,也不能在场内卖掉退出。投资者如果选择封闭式基金,要关注其开放日期,以免错过投资机会。对于不上市交易的封闭式基金而言,投资者务必坚持用闲钱投资的原则,做好流动性管理。对于能上市交易的封闭式基金而言,投资者若有耐心,可以等待基金在交易所挂牌交易,此时可能会有折价买入的机会。

持有期基金融合了开放式与封闭式基金的优势,既保证在约定的持有期内持有,又避免了封闭式基金在封闭期内不能被申购、无法追加投资的问题。做好了流动性安排,看好相关基金的长期价值,且未来有进一步追加投资打算的投资者,可以考虑投资持有期基金。

> **对于能上市交易的封闭式基金而言,投资者若有耐心,可以等待基金在交易所挂牌交易,此时可能会有折价买入的机会。**

表3 萧楠管理的基金与运作方式

基金代码	基金名称	运作方式
110022	易方达消费行业股票	开放式基金
161132	易方达科顺定期开放灵活配置混合	三年定期开放,封闭运作
010340	易方达高质量严选三年持有期混合	三年持有期基金

从投资策略视角优选基金

从投资策略的角度看,基金经理可能既会管理定位于全市场投资的基金,也会管理定位于特定行业主题投资的基金。以杨锐文为例(见表4),他管理的"景顺长城优选混合""景顺长城创新成长混合"的定位是全市场选股基金;而"景顺长城电子信息产业股票A""景顺长城新能源产业股票A"则侧重于相关行业与产业链的主题投资。

投资者到底应该选择全市场基金还是行业主题基金呢?投资者如果本身没有布局特定行业的需求、把握某一特定主题的投资能力,就应选择重视投资胜率的全市场投资基金。对于全市场基金而言,基金经理会在自己的能力圈范围和各行业中选择自己认为最有价值的股票进行组合配置。虽然在特定行业主题强势的时候,全市场基金相比之下可能涨幅一般,但全市场基金对于择时交易的要求较低,能避免某行业、某主题股票估值过高仍要被动投资的问题。

投资者如果确定选择行业主题基金,最好能进行多方比较,找到自己最认可的行业。行业主题基金,有的是由偏向细分领域的专家型基金经理管理的,有的是由全市场基金经理和行业研究团队共同管理的。投资者只能认真对比,在差异化中进行取舍。

对于持股高度相似的多只基金,投资者还要重点关注基金的资产规模。一般来说,投资者应尽量选择资产规模相对较小的基金。基金的管理规模不仅会影响打新收益,还会影响调仓效率。当高度相似的基金没法再进行取舍时,可仔细比对两只基金的中短期业绩差异,以及季度业绩与年度业绩差异,选择多个时段均表现强势的基金。

要在基金经理管理的多只基金中做出最优选择,并非易事。投资者只有多做功课,仔细阅读基金合同,对比基金间的差异,再结合自己的具体投资需求,才能找到最适合自己的基金。对基金经理管理的多只基金进行优选是非常细节化的事情,而超额收益有时就见于细节之中。在基金投资中越是用心、细心的投资者,越有可能收获更多一分回报。⊗

表4 杨锐文管理的基金与投资策略

基金代码	基金名称	投资策略
260101	景顺长城优选混合	全市场基金,A股投资为主
006435	景顺长城创新成长混合	全市场基金,"A股+港股通"投资
010003	景顺长城电子信息产业股票A	电子信息主题投资,科技股为主
011328	景顺长城新能源产业股票A	新能源产业主题投资

扫码阅读
原文评论

风险提示:本文仅供学习交流,未经授权禁止转载。资料内的言论和观点仅供参考,以上不构成个股投资建议,不构成对投资人的任何实质性建议或承诺,也不作为任何法律文件。投资有风险,入市需谨慎。

陪伴 Accompany

职业投资，
有了职业才有投资

对于职业投资人来讲，活得久远比曾经活得好更重要。

 @ 朱酒
发布于 2021 年 10 月 14 日

2018年底，我成为一名职业投资人。从那一天开始，投资对我来说就有了新的意义。虽然在这之前的几年，我已经有了比较稳定的投资收益，但大多数时间里，投资对我来说只是一个爱好。成为一名职业投资人，就意味着投资已经是我的全部。我的身家性命都在里面，从此再无退路。

在那之前的十年，我的投资目标始终是获得更高的收益率，把赔率做到最大。但从2019年开始，我在投资方向上更加偏重于胜率，哪怕会为此降低回报。一方面是因为投入的资金越来越大，绝对收益的价值超过了相对收益的价值；另一方面，有了更多的时间潜心研究投资之后，我发现自己很多钱都是被市场送来的，靠运气赚的钱占了大半部分。

雪球社区的球友经常探讨的一个话题就是要不要选择成为职业投资人，在此我也和大家分享一些关于职业投资的感悟。这里所说的职业投资，是指完全依靠自己的本金在市场上赚取收益，并以此作为家庭最主要的收入来源。投资者如果有足够的收入维持生活需要，即便投资的金额再大，投资也不是他的职业；基金从业者，并不靠自己的本金赚钱，也不在论述范围之内。

第一，所谓职业投资，不是你的能力一定比其他人强多少，而是强调你是吃投资这碗饭的，投资是你赖以生存的工作。玩票的人可以爆仓、离开市场；而对职业投资人来说，投资就是自己的饭碗，吃得不好没关系，但饭碗砸了，就没饭吃了。活得久比曾经活得好重要得多，因为人需要一直吃饭，曾经吃过的佛跳墙，都安慰不了连续饿上几天的肚子。

第二，要成为一名职业投资人，除了需要足够的本金之外（以股息可以覆盖家庭支出为标准），至少应该有5年以上的稳定盈利经历，完整穿越过至少一轮牛熊。这样才能明白哪些钱是靠自己赚的，哪些钱是靠运气得到的；哪些钱留得住，而哪些钱终究要还给市场。

第三，对真正的职业投资人来说，钱只是个数字，盈亏也只是交易的结果，不能用感情代替理智。该贪婪的时候不能恐惧，该恐惧的时候不能贪婪。你默默买入的时候，得习惯别人的嘲笑；你卖出之后，也得习惯股价的大涨。

第四，做职业投资人，不是为了实现财务自由，我建议大家在实现财务自由之后，再考虑做职业投资人。在其他行业失败了，你还可以考虑转行；而做职业投资失败了，就没几条路可走了。拥有足够的资金可以提升你的容错率。要想游戏通关，多一条命意味着什么，大家都清楚。

没有足够的资金做后盾，很多时候操作是会变形的。这就像一尺宽的路面，每个人都可以轻松走过，

而十米高空上的独木桥，腿不抖的人就不多了。

第五，很多人喜欢比较投资收益，机构更是以排名为生，但对职业投资人来说，绝对收益比相对收益更为重要。像2008年那种行情，职业投资人就算做到了市场前列，如果账户是亏钱的，一样不意味着成功。而2019年这种市场，即便很多人跑得比你快，如果你能赚出几年的家庭开支，一样可以举杯庆祝。

第六，做职业投资人，至少要有能深入理解的两三个行业和几只研究过5年以上的股票。尽管市场的热点总是换来换去，但在非常时刻，需要有让你足够放心的股票，帮你渡过最难的一关。

第七，"鱼"不如"渔"。很多人眼中只有钱，而聪明的投资者更关心赚钱的体系。容易赚的钱也容易亏，对职业投资人来说，稳定的投资体系才是获得稳定收益的关键。

在具备足够的经验之前，先有完善的体系，不但能让你进步更快，

还能让你始终保持正确的心态。我见过太多教别人做价值投资的人，最后都改去投机了。知识是一回事，没有体系谁都难以坚持。

第八，和普通玩家不一样的是，职业投资人不应该把收益率放在第一位，重点是有明确、分层次的投资目标。收益率只是一个结果，不断实现阶段性目标才是考验投资人的关键指标。职业投资人的收益率未必是最高的，但完成度要足够高。

有的时候，职业投资人必须赚钱；但有的时候，赚钱并不重要，重要的是买入了多少低价的好股票。"赚股"很多时候比赚钱重要，只有明白这一点，才会在别人恐惧的时候充满贪婪。

第九，投资中有些事，过程很开心，但结果不开心；还有些事，过程不开心，但结果很开心。我们做投资，首先要明确的是自己为什么来股市。

落实到收益上，就是到确定的某个时间点，你能赚到自己预期的钱，这才是最重要的。其间的涨涨跌跌，对你来说并没有那么重要。

如果能按照自己设定的配速跑过马拉松的终点线，你就是一名成功的跑者，至于中间谁超过了你，毫无意义。

第十，对于职业投资人来讲，交易的时间并不多，但学习是时时刻刻需要的。职业投资人要始终保持饥渴状态，对学习知识永不满足；要既能够在较短的时间内把握事物的本质，也能够为了实现计划而日积月累地研究和跟踪。收益不是数量的累积，而是质量的爆发。做职业投资人，不必追求时时刻刻都在赚钱，但一定要时时刻刻都拥有好股票。

扫码阅读
原文评论

风险提示：本文仅供学习交流，未经授权禁止转载。资料内的言论和观点仅供参考，以上不构成个股投资建议，不构成对投资人的任何实质性建议或承诺，也不作为任何法律文件。投资有风险，入市需谨慎。

聚焦 Focus

能源转型，投资机会何在

2020年我国首次提出："中国将提高国家自主贡献力度，采取更加有力的政策和措施，二氧化碳排放力争于2030年前达到峰值，努力争取2060年前实现碳中和。""碳达峰"和"碳中和"成为我国的重要目标，而背后涉及到至关重要的能源转型战略——由传统能源转为新能源。

转型之路不是一蹴而就的。后疫情时代，全球经济复苏，对原材料等大宗商品的需求迅速增加，而供应速度一时难以追赶上，全球许多国家都出现了传统能源供给紧张的局面，大宗商品价格也"疯涨"。再加上今年的气候条件受限，风电等新能源供给也出现短缺，进一步加重了能源之困。

即便途中曲折，能源转型终是大势所趋。在此趋势中，有哪些投资机会是可以把握的呢？

◇ 聚焦 Focus

20世纪70年代的大滞胀要回来了吗？

@ 生命法庭
发布于 2021 年 10 月 7 日

全球面临能源危机、粮食危机，凯恩斯主义盛行，货币"放水"，雄心勃勃的基建计划和福利计划不断推出；与此对应的是，石油、粮食、化肥、原材料价格暴涨，物资短缺，核心资产股"跌跌不休"，资源股、能源股、化工股、军工股走牛……

你以为我在说当下？不，我说的是 1973—1975 年的美国股市，史称"大滞胀"。这个时期往前 50 年，便是美国大萧条；往后 50 年，便是今天。历史真的会轮回吗？

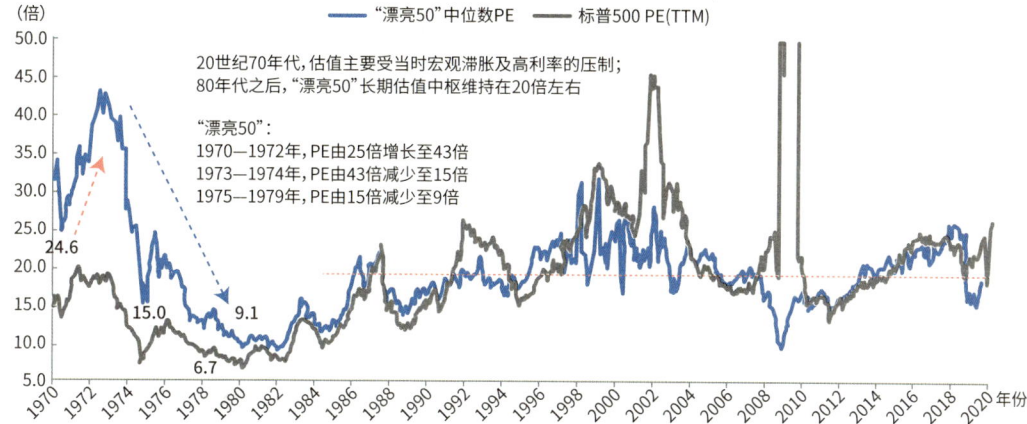

图 1 "漂亮 50"泡沫破灭，估值从 43 倍市盈率到 9 倍

资料来源：Wind、天风证券研究所。

巴菲特在以伯克希尔-哈撒韦为投资主体之后，唯一一次全年股价腰斩便是在 1974 年，全年下跌 48.7%。在次年的致股东信中，巴菲特写道："这一年（公司盈利能力）的加速下降程度令人惊讶。"你如果在 1966 年的"沸腾年代"买入巴菲特管理的伯克希尔股票，10 年后你的获益仅仅是 122%，年化收益率 8.3%。你一定狐疑且愤怒：这是哪门子"股神"，浪费我的时间！庄托吧！

美股并不是滞胀时代受伤最重的股市，港股才是。1973—1974 年恒生指数暴跌 90%，一度信奉"积极不干预"政策的港英当局，也不得不救市。大家熟知的港剧《大时代》的前半部，便以 1973 年港股出现狂热直至股灾为背景。

"漂亮 50"的兴衰

要说 20 世纪 70 年代的滞胀，不得不从 60 年代的"沸腾岁月"聊起。1958 年，投资大师菲利普·费雪出版《非常潜力股》，引领了投资成长股的风潮。大萧条带来的阴霾早就一扫而空，格雷厄姆式的投资不再流行，先后兴起"电子热""并购潮""概念热"等多轮股市泡沫行情（见图 2）（可对比 2012—2015 年的创业板并购大牛市）。

1971 年泡沫破裂后，以养老金为主的机构投资者占比开始大幅提升，价值投资重返舞台。投资者转而抱团业绩优秀、持续稳定增长的行业龙头和核心资产股票，这些股票被世人称为"漂亮 50"（Nifty Fifty）。"漂亮 50"涉及的行业主要分布在消费、医疗保健、信息技术等领域（见图 3）。

这场"漂亮 50"行情从 1970

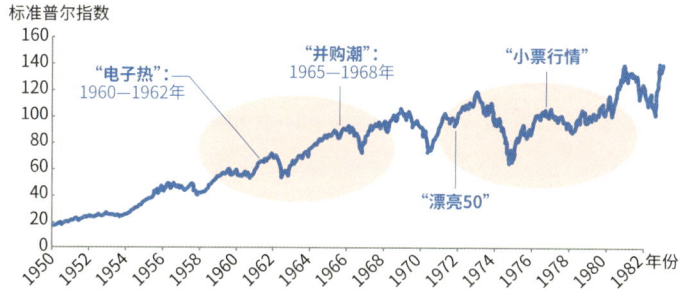

图 2 20 世纪 60—70 年代美股的表现

资料来源：Wind、中信证券研究部。

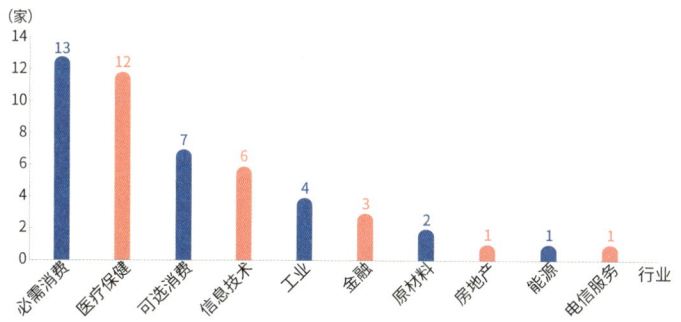

图 3 20 世纪 70 年代"漂亮 50"公司的 GICS 行业分布

资料来源：WRDS、广发证券发展研究中心。
注：此处采用 1990 年 GICS 的公司分类对 1970 年名单中的公司进行划分。

年开始,到 1973 年见顶,持续 3 年。行情兴起的原因众说纷纭,比如"婴儿潮"后人口结构的长期变化、消费行业的盈利持续改善、长期机构入场、货币长期宽松、经济阶段性复苏,等等。

尽管众多消费、医药股被推升至估值高位,市场仍旧相信这些永续经营、持续增长的股票可以获得更高的估值。"漂亮 50"此时远远跑赢大盘,受到市场的热烈追捧(可对比 2017 年至 2021 年初的核心资产大牛市)。此时的股市实则危机四伏。

随后,滞胀来袭。

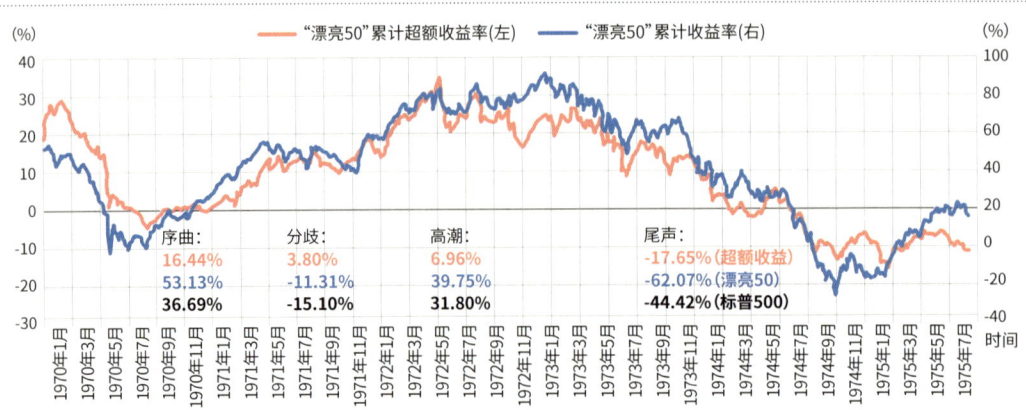

图 4 "漂亮 50"行情的演绎经历的 4 个阶段
资料来源:WRDS、Bloomberg、国泰君安证券研究。
注:图中选用以 1970 年 7 月 1 日为基准日计算的累计超额收益率和累计收益率。红色数据为该阶段"漂亮 50"的区间超额收益率,蓝色数据为该阶段"漂亮 50"的区间涨跌幅,黑色数据为该阶段标普 500 的区间涨跌幅。

滞胀时代

美国大萧条和二战成就了罗斯福新政,经济上的凯恩斯主义被奉为圭臬。即便到了 20 世纪 70 年代的尼克松、福特时代,凯恩斯色彩浓烈的经济政策并未有太多更改,基建计划、社会福利支出不断上行(见表 1)(可对比目前拜登政府及其社会计划)。

1970 年阿瑟·伯恩斯上任美联储主席,一当就是 8 年。这一阶段,美联储货币政策的首要目标依旧是保就业,在此政策下货币"放水",给予了通胀很高的容忍度[可对比鲍威尔任职期间的美联储和现在流行的现代货币理论(MMT)]。但当时的经济学家逐渐发现,菲利普斯曲线竟然开始失效,失业率和通胀率竟然可同步攀升。

过去,经济下降,生产率自然也下降,失业增加,物价下挫。但从 1969 年开始,经济停滞,通胀率却上升,任凭如何采用凯恩斯的刺激政策,都无济于事,这样的奇观被称为"滞胀"。在漫长的滞胀期,美国经历了频繁的 4 次衰退(见图 5)。

表 1 1965—1975 年美国社会福利支出及增长幅度

财政年度	实际支出(亿美元)	年增长率(%)	以 1973 年美元为标准的支出(亿美元)	年增长率(%)
1965	377	20	490	18
1966	454	17	580	14
1967	533	13	663	10
1968	603	13	729	9
1969	684	13	798	8
1970	773	20	859	15
1971	925	15	985	11
1972	1062	15	1096	12
1973	1223	14	1223	5
1974	1396	21	1283	8
1975	1683	21	1390	—

资料来源:Wind、中信证券研究部。

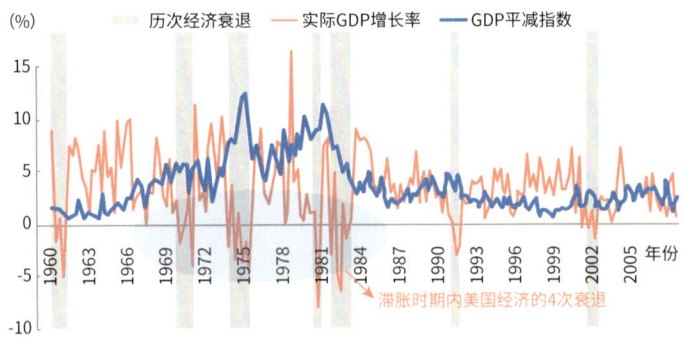

图 5 美国自 1960 年以来的经济衰退与通货膨胀
资料来源:兴业证券研发中心、美国经济分析局。
注:阴影部分表示经济处于衰退期。

表 2　西方发达国家滞胀发生时的经济状况

国家	年份	年均生产率增长率 (%)	消费品价格增长率 (%)	失业率 (%)
美国	1963—1973	1.9	3.6	4.5
	1974—1979	-0.1	8.6	6.7
英国	1963—1973	3.0	5.3	3.0
	1974—1979	0.8	15.7	5.3
法国	1963—1973	4.6	4.7	2.0
	1974—1979	2.7	10.7	4.5
原联邦德国	1963—1973	4.6	3.6	0.8
	1974—1979	2.9	4.7	3.2
意大利	1963—1973	5.4	4.0	5.2
	1974—1979	1.4	16.1	6.6
日本	1963—1973	8.7	6.2	1.2
	1974—1979	3.3	10.2	1.9
加拿大	1963—1973	2.4	4.6	4.8
	1974—1979	0.1	9.2	7.2

资料来源：伊特韦尔. 新帕尔格雷夫经济学大辞典（第四卷）[M]. 北京：经济科学出版社，1996：507.
注：失业率为 1965—1973 年的数据。

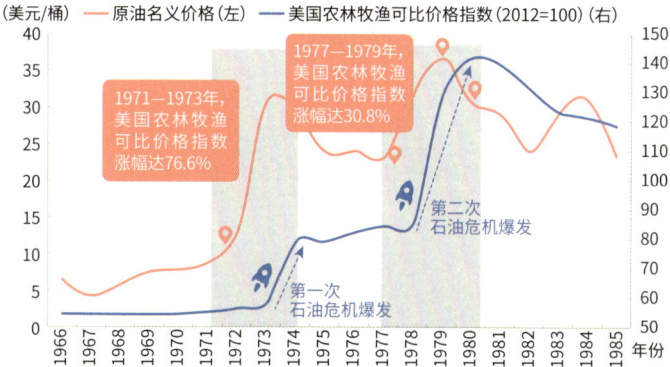

图 6　20 世纪 70 年代滞胀期美国农产品价格快速上涨
资料来源：USDA、美国经济分析局、长江证券研究所。

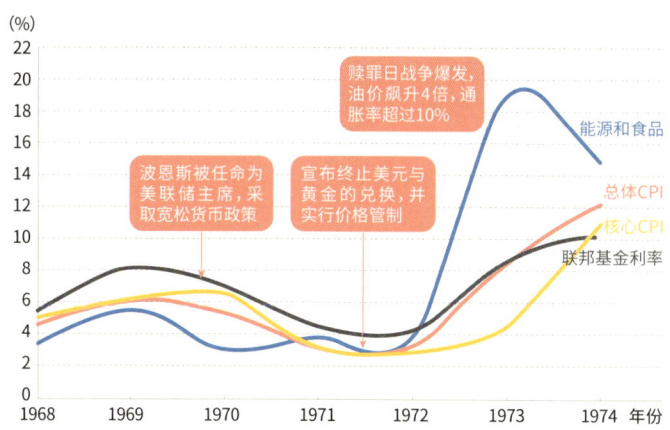

图 7　1968—1974 年尼克松时期美国物价走势

石油危机与粮食危机

屋漏偏逢连夜雨，船迟又遇打头风。

1973 年 10 月，第四次中东战争爆发，史称"赎罪日战争"。为了报复美国支持以色列，中东各国宣布对美国实行石油禁运，其他阿拉伯产油国紧接着加入，并且将禁运范围扩大到对荷兰以及其他一些支持以色列的国家，由此造成了 1973 年的石油危机。1978 年，伊朗巴列维王朝倒台，之后两伊战争爆发，造成第二次石油危机。石油禁运下，所有工业化国家的经济增长都明显放缓，饱受滞胀之苦（见表 2）。

粮食价格走势与能源价格高度相关。滞胀期间，天灾不断，厄尔尼诺和拉尼娜交替出现。苏联大旱歉收，抢购美国谷物。美国农产品价格快速上涨（见图 6），1971—1973 年，美国农林牧渔可比价格指数大涨 76.6%，化肥价格指数暴涨 158%。

创设"量子基金"不久的索罗斯和罗杰斯成了这场危机中为数不多的获利者。他们早在危机前就大量买入能源股、化肥股、农业加工股，在第四次中东战争爆发后，又加仓军工股，收入不菲，这都归功于他们的共同爱好——阅读。他们订阅了三十几种杂志和报纸，办公室的书架上摆满了《肥料溶剂》（Fertilizer Solutions）和《纺织品周刊》（Textile Week）这样的行业刊物。

滞胀期间，尼克松当局只能盲目采取各种价格管制政策，并继续"放水"刺激经济，进一步推高了产品价格（见图 7）。美国在战后第一次面对空货架——短缺经济魅影出现。

039

救赎

20世纪70年代的滞胀是新旧时代的转折点,宣告了罗斯福新政和传统凯恩斯主义的寿终正寝。80年代,里根上台,罗斯福的执政理念被彻底扭转,开启了一个长达几十年的经济去管制和全球化时代。接替阿瑟·伯恩斯的美联储主席是保罗·沃尔克,在他主政下的美联储大幅提高利率,减缓货币"放水"速度,以此终结了美国的高通胀时代。

同时,经济学范式相应转变,凯恩斯的老对手哈耶克在1974年获得诺贝尔经济学奖。货币学派代表人物弗里德曼的学说开始深入人心。之后,各国央行尽管开始把控制通胀作为首要货币政策目标,但还是屡屡放松纪律。直到2008年金融危机之后,量化宽松(QE)来了,现代货币理论(MMT)来了。

至于股市,滞胀期间,原本抱团的"漂亮50"相继瓦解,虽然盈利保持增速,但估值从43倍市盈率(PE)一路下挫到9倍。就像西格尔在《股市长线法宝》里指出的那样:如果在1972—1974年买入"漂亮50",即便再持有24年,也没有超额收益。这提醒我们,如果长线买入高估值股票,即便它们是永续经营的龙头,也并不是个好主意。

而滞胀年代相对抗跌和走牛的反而是资源股、能源股、化工股、公用事业股和军工股,这确实是"传统行业的报复"。

表3 除了1973—1974年有系统性风险的两年外,"漂亮50"在其余年份主要靠持续高增长的盈利消化估值

公司	行业	1970年初 PE(倍)	1972年底 PE(倍)	1979年底 PE(倍)	1973—1979年估值下跌(%)	1973—1979年平均净利润增速(%)
麦当劳	可选消费	34.8	85.2	9.6	-88.8	27.0
迪士尼	可选消费	50.2	84.0	12.8	-84.8	16.3
百特国际	医疗保健	62.9	80.8	15.7	-80.5	26.1
国际香料	可选消费	54.2	76.4	11.8	-84.6	18.4
雅芳	必选消费	56.6	65.4	9.4	-85.6	11.3
强生	医疗保健	44.0	61.8	14.1	-77.3	16.6
先灵葆雅	医疗保健	35.0	50.4	7.5	-85.0	16.4
可口可乐	必选消费	37.2	47.6	10.3	-78.3	12.4
默克	医疗保健	36.5	46.1	14.7	-68.2	14.7
普强	医疗保健	23.4	41.1	9.7	-76.4	19.4
旁氏	必选消费	28.9	39.7	8.9	-77.6	17.7
杰西潘尼	可选消费	21.8	34.6	7.2	-79.1	9.2
施贵宝	医疗保健	26.5	34.2	15.5	-54.8	8.1
宝洁	必选消费	23.4	32.0	10.3	-67.9	11.2
西尔斯	必选消费	22.3	30.8	6.5	-78.8	5.5
百事	必选消费	23.1	30.5	9.0	-70.3	20.9
辉瑞	医疗保健	30.3	29.8	12.2	-59.2	12.7
百时美	医疗保健	29.8	28.0	10.8	-61.4	16.0
露华浓	可选消费	31.3	26.6	10.8	-59.6	22.3
吉列	必选消费	22.3	26.2	7.2	-72.5	6.2

资料来源:Wind、天风证券研究所。

50年前的这场大滞胀带给了我们哪些启示?当下我们会面对同样的困境吗?

70年代的滞胀本质上是供给和需求混合驱动的通胀(见图8)。虽然现在没有中东战争,但我们要面对新冠肺炎疫情下的全球供应链紊乱。更重要的是,受全球环保主义减排运动经年累月的影响,能源供给侧压力增大,在历史上是空前仅有的。

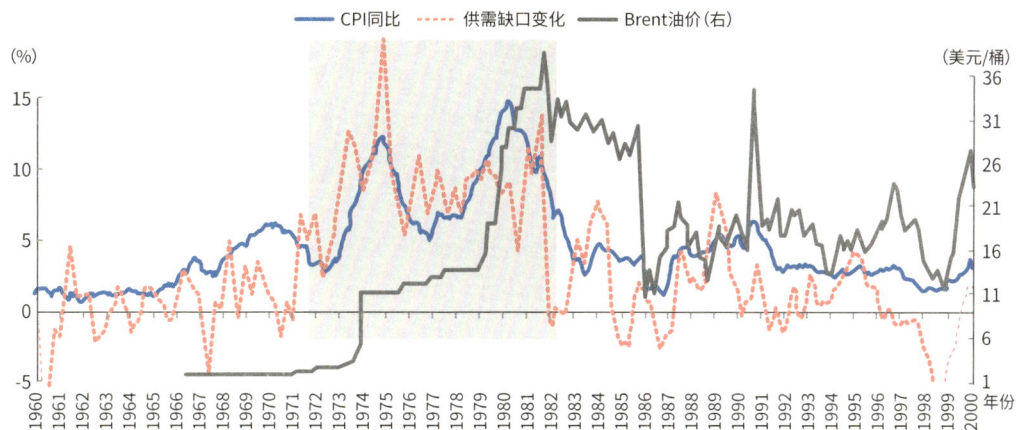

图8 1970—1980年全球出现需求成本混合驱动型通胀
资料来源:Wind、开源证券研究所。

表4 2021年欧美纷纷调高对温室气体的减排目标

经济体	日期	计划
美国	2021-04-22	拜登总统在领导人气候峰会开幕式发言中宣布,将扩大美国政府的减排承诺,即**2030年前将美国的温室气体排放量较2005年减少50%,2050年前实现"碳中和"**
	2015-03-19	奥巴马总统签署行政命令,承诺2025年前将美国的温室气体排放量在2005年的基础上减少**40%**
	2014-11-01	奥巴马总统签署《中美气候变化联合声明》,承诺2025年前将美国的温室气体排放量在2005年的基础上减少**26%~28%**
	2009-11-25	奥巴马总统承诺,2020年前将美国的温室气体排放量在2005年的基础上减少**17%**
欧盟	2021-04-21	2030年前将欧盟的温室气体排放量在1990年的基础上至少减少**55%**
	2011-03-08	2050年前实现**"碳中和"**
	2018-11-28	2050年前将欧盟的温室气体排放量在1990年的基础上减少**80%~95%**
	2007-01-20	2020年前将欧盟的温室气体排放量在1990年的基础上至少减少**20%**;若其他发达国家也能承担这一挑战性责任,则欧盟承诺将减排**30%**

资料来源:EU、美国白宫、开源证券研究所。

在2021年5月发布的《2050年净零排放:全球能源行业路线图》中,国际能源署(IEA)提出,为保证2050年实现全球的净零排放,需要立即停止化石能源尤其是油气项目新的投资。而3个月后,能源危机初现端倪。

历史总在不经意中轮回,股市也是。这一次会与过去有什么不同吗?

扫码阅读
原文评论

风险提示:本文仅供学习交流,未经授权禁止转载。资料内的言论和观点仅供参考,以上不构成个股投资建议,不构成对投资人的任何实质性建议或承诺,也不作为任何法律文件。投资有风险,入市需谨慎。

"能源危机"用词不当，我们离能源危机越来越远

过去的两次石油危机已让我们完成了核电、光伏、风电等非化石能源的技术储备。

@ 夹头使者
发布于 2021 年 10 月 12 日

最近"能源危机"这个词频繁出现在网络上。我在能源行业工作了整整 15 年，一直从事与能源市场和能源战略相关的工作。我从业 15 年来，"能源危机"这个词从来没有像如今这样高频出现，即使是在 2007 年国际原油价格超过 140 美元/桶，网络上也没有太多关于能源危机的词汇。

当时高盛和摩根一度预测，随着中国石油进口依存度的大幅提升，油价可能会在 2010 年突破 200 美元/桶。在那个背景下，股价 48 元的中国石油诞生了。但是出道即巅峰，此后原油价格再也没有破百。与 2007 年相比，站在今天的视角，人类解决能源问题的手段要丰富得多。

我们应该如何看待当下的能源短缺和价格上涨呢？

原油价格的价值回归

首先我们要知道，现在的能源价格，在百年能源史上，根本不能算作危机，只不过是简单的价值回归而已。图 1 是根据《BP 世界能源统计年鉴》（2021 年版）记录的原油价格走势，1861—2020 年间，原油价格在二战后出现过两次高峰。第一次原油价格高峰出现于 20 世纪 70 年代的石油危机期间，按 2020 年美元购买力计算，70 年代的原油价格达到了 110 美元/桶以上。这次石油危机主要是由中东战争造成的。随着美国的战略由中东地区转向亚太地区，未来因中东问题导致原油价格暴涨的概率是明显降低的。而目前主流的非化石能源，如核电、光伏、风电，都是在 70 年代应对石油危机时完成了技术储备。

第二次原油价格高峰出现在 2007—2012 年。2007 和 2012 这两年的年内峰值一度突破 140 美元/桶，年均值也接近 120 美元/桶，这是在 2007 年前，全球经济过热、中国城镇化推动了原油进口量大增，加上各方炒作原油价格导致的。2008 年国际金融危机短暂把油价打压到 60 美元/桶。另一个高峰是在 2011—2012 年，"阿拉伯之春"把油价再次推升，此后国际油价又进入了长达十年的下滑期。目前国际油价按 2020 年可比油价计算，刚刚恢复到 80 美元/桶。

正是由于这一轮油价的冲高，美国大规模开采页岩油气，成为石油天然气净出口国。而美国页岩油气的大规模开采，使得中东明珠——迪拜、阿布扎比、西澳大利亚都暗淡下来，甚至让委内瑞拉民不聊生。

第二次原油价格高峰也极大刺激了非化石能源的大规模发展：一方面，核电快速发展。尽管受到福岛核事故的影响，全球核电建设在过去十年依然发展较快，这主要得益于亚洲和西北欧的核电反应堆的建设。另一方面，十年后的今天，风电、光伏的发电成本已经大幅低于煤电的发电成本。可以说，人类应对能源短缺的能力已经极大提高。

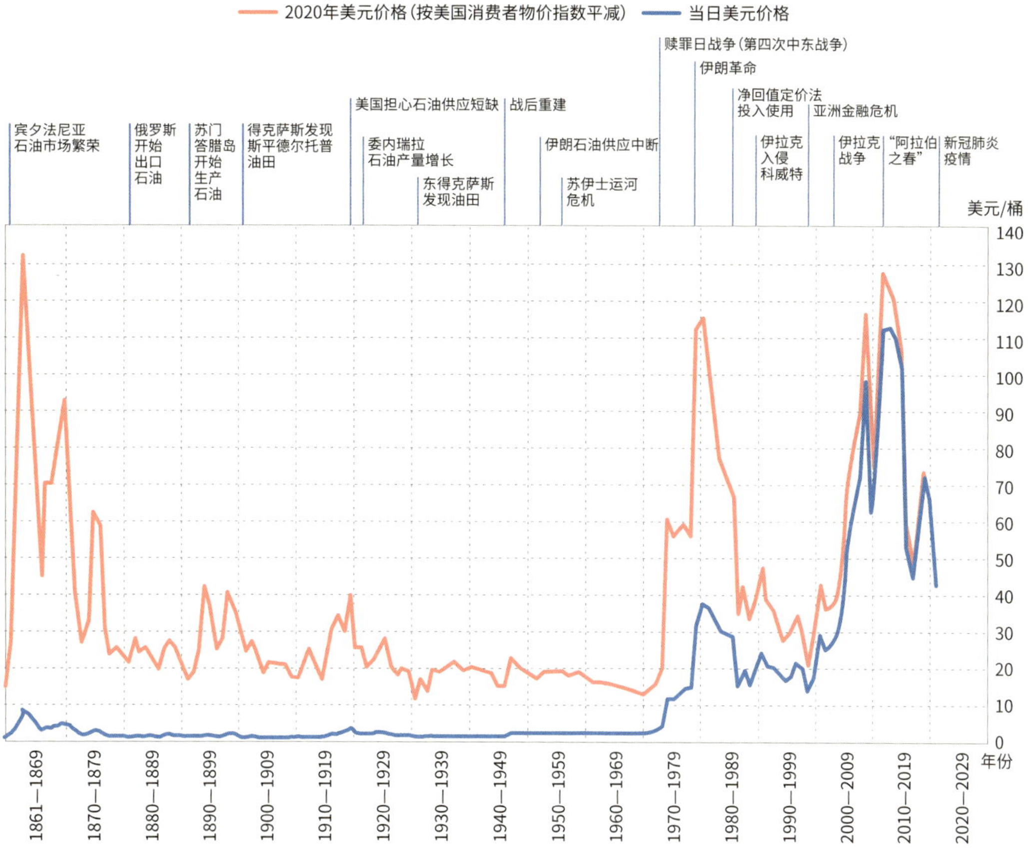

图1 1861—2020年原油价格走势及全球重大事件

资料来源：《BP世界能源统计年鉴》（2021年版）。
注：1861—1944年的价格采用美国平均价格；
1945—1983年的价格采用拉斯塔努拉公布的阿拉伯轻质原油价格；
1984—2020年的价格采用即期布伦特价格。

天然气价格的价值回归

说完原油价格，我们再来看一下现在国际市场中更火热的天然气市场，一度有报道说欧洲天然气价格大幅上涨了50%。我们看看过去30年，美国亨利港和东北亚JKM液化天然气市场的价格（见表1）。

表1是BP能源统计的30年全球天然气价格变化，美国的峰值出现在2008年，日本的峰值出现在2012年。美国亨利港价格在2008年达到了创纪录的8.85美元/百万英热。日本的峰值出现在2012年，主要是因为福岛关停核电站，天然气发电需求大幅增加。自那以后，

美国大规模开采页岩气，并且以可再生能源大幅替代燃气发电（光伏日间发电大幅压缩了美国天然气发电日间需求，甚至导致通用电气关闭了只有10年历史的全球首台H级燃气轮机电站）。

为了解决大规模低成本天然气的销路，美国把墨西哥湾地区大量的液化天然气（LNG）接收码头改建成了LNG出口码头，并向西欧和日本大规模出口LNG。实际上，之所以欧洲（德国）在过去十年敢于关停核电站，叫板俄罗斯的北溪二线，就是因为其盟友美国承诺了

超低价格的天然气供给。美国也利用低成本天然气削弱了俄罗斯对欧洲的影响力。美俄矛盾甚至导致乌克兰危机。

实际上，由于美国的LNG出口，德国在天然气发电比例大幅增长且不接收北溪二线的情况下，天然气门站价格居然降到了4美元/百万英热。这个价格，基于我2015年在国内某大型天然气上市公司工作时的认知，是不可想象的。目前美国亨利港天然气价格刚刚回到5美元，仅是30年历史分位数的60%。

表 1 1990—2020 年全球天然气价格变化

单位：美元 / 百万英热

年份	液化天然气		天然气						原油
	日本到岸价	普氏日韩基准价格	德国平均进口门站价格	英国（国家平衡点指数）	TTF 指数	美国亨利港价格	加拿大（阿尔伯塔）价格		经合组织国家到岸价
1990	3.64	—	2.78	—	—	1.64	1.05		3.82
1991	3.99	—	3.23	—	—	1.49	0.89		3.33
1992	3.62	—	2.70	—	—	1.77	0.98		3.19
1993	3.52	—	2.51	—	—	2.12	1.69		2.82
1994	3.18	—	2.35	—	—	1.92	1.45		2.70
1995	3.46	—	2.43	—	—	1.69	0.89		2.96
1996	3.66	—	2.50	1.87	—	2.76	1.12		3.54
1997	3.91	—	2.66	1.96	—	2.53	1.36		3.29
1998	3.05	—	2.33	1.86	—	2.08	1.42		2.16
1999	3.14	—	1.86	1.58	—	2.27	2.00		2.98
2000	4.72	—	2.91	2.71	—	4.23	3.75		4.83
2001	4.64	—	3.67	3.17	—	4.07	3.61		4.08
2002	4.27	—	3.21	2.37	—	3.33	2.57		4.17
2003	4.77	—	4.06	3.33	—	5.63	4.83		4.89
2004	5.18	—	4.30	4.46	—	5.85	5.03		6.27
2005	6.05	—	5.83	7.38	6.07	8.79	7.25		8.74
2006	7.14	—	7.87	7.87	7.46	6.76	5.83		10.66
2007	7.73	—	7.99	6.01	5.93	6.95	6.17		11.95
2008	12.55	—	11.60	10.79	10.66	8.85	7.99		16.76
2009	9.06	5.28	8.53	4.85	4.96	3.89	3.38		10.41
2010	10.91	7.72	8.03	6.56	6.77	4.39	3.69		13.47
2011	14.73	14.02	10.49	9.04	9.26	4.01	3.47		18.55
2012	16.75	15.12	10.93	9.46	9.45	2.76	2.27		18.82
2013	16.17	16.56	10.73	10.64	9.75	3.71	2.93		18.25
2014	16.33	13.86	9.11	8.25	8.14	4.35	3.87		16.80
2015	10.31	7.45	6.72	6.53	6.44	2.60	2.01		8.77
2016	6.94	5.72	4.93	4.69	4.54	2.46	1.55		7.04
2017	8.10	7.13	5.62	5.80	5.72	2.96	1.58		8.97
2018	10.05	9.76	6.66	8.06	7.90	3.12	1.18		11.68
2019	9.94	5.49	5.03	4.47	4.45	2.51	1.27		10.82
2020	7.81	4.39	4.06	3.42	3.07	1.99	1.58		7.19

资料来源：《BP 世界能源统计年鉴》。

全球能源去产能

那么，是什么因素导致了全球能源价格的大幅上涨呢？

首先，过去 5 年全球能源价格都是偏低的。美国亨利港天然气价格长期低于 4 美元 / 百万英热，这个价格对北美页岩油气勘探非常不利。幸亏国际油价还能维持在 50~60 美元 / 桶，北美页岩油气勘探还有利可图，否则美国的油气产业将要面临灭顶之灾。而过低的油气价格，已经让加拿大的油砂开采业和委内瑞拉奥里诺科重油带的开发、巴西石油公司的深水岩下油层的开采变得无利可图。低油价甚至让中国南海、英国北海的石油开采变得毫无价值。

其次，过去 5 年，全球出现了比较严重的能源去产能现象。不论是澳大利亚西北大陆架和北领地的深水 LNG、美洲地区的非常规油气、美国阿巴拉契亚的煤矿，还是中国华北地区的煤矿、德国和日本的核电，都受到了影响。尤其是在新冠肺炎疫情期间，全球人均用能水平大幅下降，导致了更加深度的能源去产能。这种短视行为，必然导致在 2021 年能源需求回升后能源供应弹性消失的问题，而全球能源体系的演变必然是一个渐进的过程。

最后，在需求方面，过去 5 年超低的能源价格，也可能刺激了 2020 年下半年以来的全球能源消费。产能不足、需求扩大，是导致短期能源价格上涨的重要因素。

那么本轮能源价格上涨是否能称为危机呢？我认为完全不能。

第一，能源价格只是恢复性上涨，不论是国际油价的 80 美元 / 桶，还是美国天然气价格的 5 美元 / 百万英热，相比 2007—2012 年的峰值，仍然有很大的差距。

第二，与前两次原油价格峰值相比，目前人类应对能源短缺的武器非常丰富。过去石油开采面临资源和产能双约束，且没有替代方案；而现在全球化石燃料的资源和产能均没有约束，只要有合适的价格和启动资金，很多封闭的油气井都可以被重新开采。

第三，非化石发电技术和工程能力，较 20 世纪 70 年代和 2007 年已大幅提升。在西方，总能源消费量持续下滑，而风、光发电的快速部署，使得其能源供应能力快速提升。只要没有经贸摩擦，能源供应就不是问题。

未来的能源系统，肯定是一个囊括了风、光、储、核、气、煤、水、生物质、地热、海洋能的综合能源系统。我们只要在规划层面和商业运作层面进行系统化操作，就能有效避免危机。⊗

扫码阅读
原文评论

风险提示：本文仅供学习交流，未经授权禁止转载。资料内的言论和观点仅供参考，以上不构成个股投资建议，不构成对投资人的任何实质性建议或承诺，也不作为任何法律文件。投资有风险，入市需谨慎。

聚焦 Focus

煤炭股如何投资？

@ 吉姆的投资逻辑
发布于 2021 年 10 月 30 日

煤炭作为我国第一大能源，对经济发展的影响很大。虽然近年我国煤炭产量约占全球产量的一半，但仍需从其他国家进口。这意味着，在新能源还没有形成一定规模之前，煤炭对经济的影响依旧很大。2018 年底，我国钢铁、煤炭行业率先完成去产能任务，落后产能逐步退出，先进产能不断释放。一批大型煤炭上市企业的市场占有率逐步提高，净利润也逐步抬升，煤炭股的投资价值再次显现。

大宗商品煤炭

如图 1 所示，煤炭根据用途可以分为动力用煤、冶金用煤（炼焦煤、喷吹煤）、化工用煤等。根据煤化度，煤炭可分为无烟煤、烟煤和褐煤，其中烟煤根据干燥无灰基挥发分及粘结指数等指标，可分为贫煤、贫瘦煤、瘦煤、焦煤、肥煤、1/3 焦煤、气肥煤、气煤、1/2 中粘煤、弱粘煤、不粘煤及长焰煤 12 类。褐煤、长焰煤的挥发分最高；无烟煤的挥发分最低；褐煤呈褐色，煤化时间最短；贫煤、1/2 中粘煤以及弱粘煤等一般都用于发电；无烟煤一般用于化工行业；贫瘦煤和气煤除了可以用于冶金行业外，也可以用于发电；只有焦煤单独炼焦可以成为块度大、裂纹少、抗碎强度高的焦炭；肥煤、1/3 焦煤、瘦煤、气肥煤等需要和焦煤按照一定比例配煤后才能用于生产焦炭。

描述煤炭的指标非常多，主要是按照用途表述。常规用途主要有水分、灰分、挥发分、固定碳（以上四项为工业分析）、硫、粒度等。评价炼焦煤的指标主要有粘结指数 (G)、胶质层指数 (Y)、坩埚膨胀序数 / 自由膨胀序数（CSN/FSI）、罗加指数 (RI)、葛金焦型、膨胀度、流动度、岩相等。火电用煤的指标主要有热值、灰熔点。一般电煤的热值越高，价格越高；煤炭的硫分、灰分、水分越高，价格越低；炼焦煤的粘结指数和反应后强度越高，价格越高。国外把主焦煤（即焦煤）和肥煤称作硬焦煤，把 1/3 焦煤、瘦煤称为半软焦煤。我国生产的煤炭中，气煤和 1/3 焦煤占比高达 46%，主焦煤仅占比 23%，所以我国需要从蒙古、澳大利亚、加拿大等国大量进口硬焦煤。

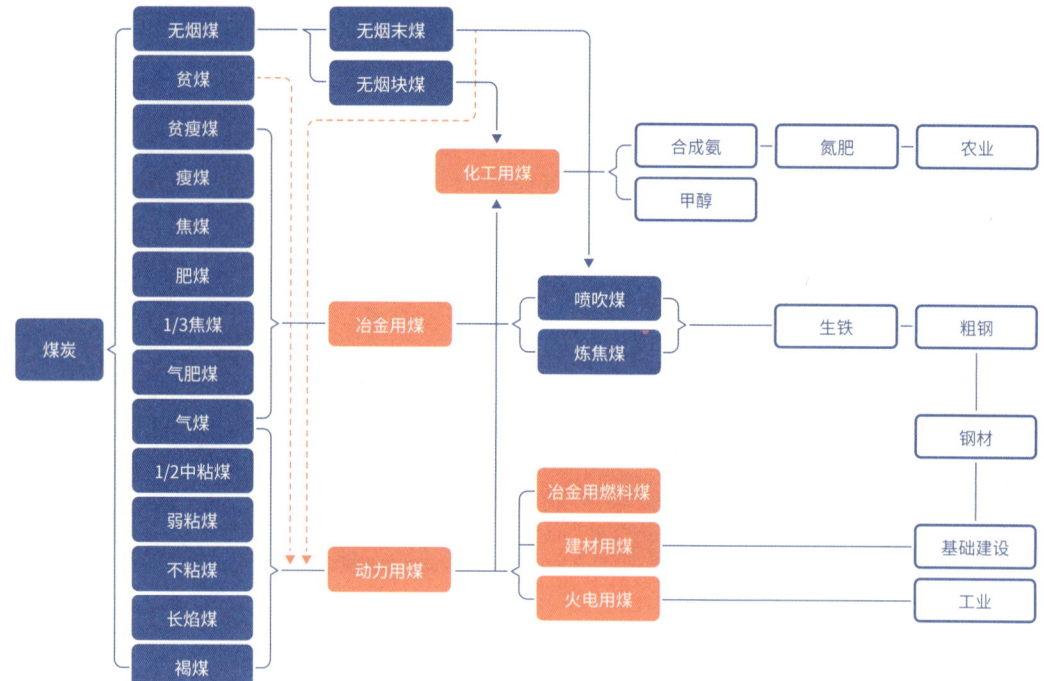

图 1 煤炭的分类

我国煤炭以矿井开采方式为主，露天矿仅占 8% 左右。煤矿直接开采出的煤炭是原煤，煤炭洗选的目的主要是控制煤炭灰分和硫分，洗选方法主要有重介工艺、跳汰工艺。洗选的原理是通过重力将煤与矿物质分离（见图2），炼焦煤、喷吹煤基本都是洗精煤，洗选出的中煤、矸石也可以用来发电，部分动力煤也会进行洗选。

炼焦煤用于生产焦炭，目前国内接近87%的焦炭用于高炉炼铁。在生产焦炭的过程中还会产生焦炉煤气、煤焦油、粗苯、硫酸铵等副产品。焦炉煤气既可以作为燃料，也可以制甲醇。其他副产品也可以进行深加工。

动力煤主要用于火电，目前国内动力煤火电需求占比高达57%，并且火电对于动力煤的需求占比还在逐年提高。动力煤还用于建材、冶金、化工、供热，生产水泥、氮肥、甲醇也需要消耗动力煤。

长期投资煤炭股需重点了解公司的煤炭储量情况。我国动力煤矿区主要有神东、大同、兖州、阳泉、晋城、平朔、霍林河、淮

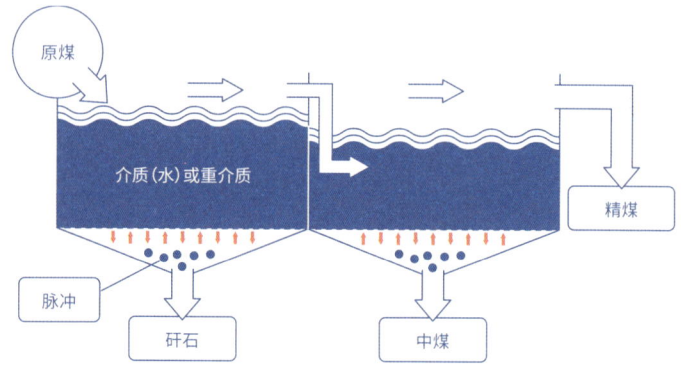

图 2 原煤洗选过程

格尔、铁法、潞安等；我国炼焦煤矿区主要有离柳、乡宁、西山、霍州、霍东、兖州、巨野、邯郸、开滦、淮北、平顶山等。通常煤炭上市公司年报中会披露公司煤炭储量和当年的产销量，比如陕西煤业 2020 年年报里提到，公司拥有可采储量 90 亿吨，全年实现煤炭产量 12535.63 万吨，销量 24160.50 万吨。同时，公司可以利用铁路运输优势额外销售一定量的非自产煤。

我国动力煤资源主要集中在内蒙古、山西、陕西，它们同时也是产量最大的省份。我国炼焦煤资源主要集中在华北、华东地区。其中，山西炼焦煤资源储量最大，占全国资源储量的 55%，主要焦炭产区也集中在炼焦煤产区。我国十大煤炭生产集团除了陕西煤业、兖矿集团和山东能源外，其他 7 家均在内蒙古和山西。

我国煤炭资源多集中在山西、陕西及内蒙古西部，而煤炭消费则集中在华东、华南地区，因此形成了"西煤东运""北煤南运"的煤炭运输格局。煤炭运输以铁路直达、"铁路+沿海水运"为主，以公路、内河水运为辅。

煤炭行业的发展

在分析煤炭价格涨跌前,我们先简要回顾一下煤炭行业的发展情况。改革开放以来,我国煤炭产量逐年增长。2009年的4万亿元投资拉动了煤炭需求,由于煤矿的建矿周期是2~4年,2011年煤炭行业高度景气时投资的固定资产不断释放产能,2013—2015年原煤产量上升至36.5亿~39亿吨。

2012—2015年,经济整体较为疲弱,煤炭需求量几乎没有增长,因此煤炭行业库存大幅累积,煤价持续下行。2016年2月,煤炭和钢铁行业率先开启供给侧结构性改革。2016年3月,国家发展改革委、人力资源社会保障部、国家能源局、国家煤矿安监局联合发布《关于进一步规范和改善煤炭生产经营秩序的通知》,要求煤炭企业按照276个工作日组织生产,成为煤炭行业的重要转折点。随着黑煤被淘汰、落后产能被淘汰、无证煤炭被整合,煤炭行业集中度大幅提升。2016年11月17日,国家发展改革委指出,具备安全生产条件的合法合规煤矿,在采暖季结束前都可按330个工作日组织生产。这时煤炭库存已经被彻底去化,煤价也已经上涨至数年高位,煤炭行业的利润明显改善。

随着供给的逐步释放,2017—2020年煤价高位震荡后小幅下行。目前,我国限制澳大利亚煤(简称澳煤)进口,蒙古煤(简称蒙煤)进口量也大幅下滑,煤炭再次供不应求。2021年上半年,煤炭开采和洗选业利润总额增长1.14倍,煤炭行业利润经历了2020年的下滑后再度大幅上升。

煤炭供需与价格波动

大宗商品价格波动较大,对生产企业利润影响很大,因此投资者需要对商品的供需进行分析,大致判断价格走向。由于影响大宗商品涨跌的因素众多,找到其中的核心变量就显得尤为重要。动力煤和炼焦煤的供需因素有所不同,需要分别进行分析。

先看动力煤市场最新的供需情况。

2021年大宗商品价格波动非常大,全球经济复苏,用电量上升,从而拉动了煤炭需求,动力煤期货价格一度接近2000元/吨。近期在一系列政策调控措施的作用下,动力煤期货价格由暴涨转为暴跌。目前大型煤企主要以电煤保供为主,优先兑现长协议订单。在国家发展改革委要求煤炭企业保供电煤、限价销售,并且打击期货过度投机、打击囤积以后,动力煤供给逐步增加,价格开始大幅下跌。在保供稳价政策的指导下,产地新批复产能增多,2021年9月24日鄂尔多斯地区矿难后日均产量已经创下新高。考虑到新产能的释放需要一定时间,冬季动力煤新产能仍将进一步放量。

9月通常是用煤淡季,但是2021年受高温季节延长等因素影响,煤炭价格大幅上涨。各地纷纷出台限电政策,煤炭产地多优先保障重点电力用户用煤需求,一定程度上缓解了电厂冬储补库的压力。但市场煤改为长协煤也造成了市场资源短缺,10月动力煤市场价与长协价一度突破1000元/吨。今年电厂日耗处于高位,放开电价后工业用电量可能持续高位运行,且受拉尼娜现象的影响,我国今年可能遭遇冷冬,预计今年冬季动力煤或供需双旺,在冬季过后动力煤价格有望继续下跌。

再看我国炼焦煤市场最新供需情况。

在迎峰度夏保供政策压力下,夏季煤炭产量环比大幅上升,但是炼焦煤产量在7、8月增长幅度非常有限。9月中下旬,部分地区出现拉闸限电的情况,为了保供动力煤,山西、山东等地部分煤炭企业减少精煤入洗量。国庆期间山西地区受强降雨影响,大量煤矿停产,炼焦煤供给再度紧张。10月中旬,山西的煤矿大多已恢复正常生产,煤矿厂内库存均有不同程度的增加。10月,受蒙古国新冠肺炎疫情的影响,蒙煤通关量恢复缓慢,但10月下旬,我国部分港口放开了澳煤通关,缓解了炼焦煤供应压力。

今年工信部要求持续开展年度粗钢产量压减工作,全年钢铁产量或将同比下降。环保限产等因素造成焦化企业开工不及预期,进入取暖季后京津冀地区焦化企业开工率可能下滑。各地为实现"双控"目标采取的措施也使焦化企业新增产能释放不及预期,预计在冬季供需双弱的背景下,炼焦煤价格或稳中趋弱。

我国2030年将实现碳达峰,煤炭行业将于2025年率先实现碳达峰,到2030年火电发电量占比下降至50%以下,非化石能源(水电、光伏、风能、核能等)占一次能源消费比重提高至25%左右;我国2060年将实现碳中和,届时煤炭消费量将下降至3亿tce。所以从长期来看,2025年以后煤炭的供给与需求都将逐步下降,考虑到国内大部分煤矿可开采年限超过100年,且碳排放的成本越来越高,长期来看煤炭价格很难实现大幅上涨。

煤炭股的投资价值：以山西焦煤为例

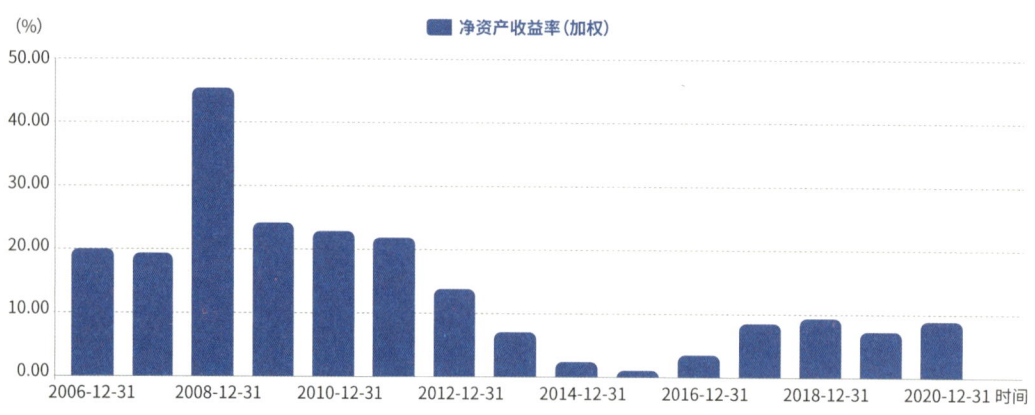

图 3 山西焦煤的盈利能力与收益质量（ROE）

图 4 山西焦煤的 PB 估值

2020 年 4 月以来，焦煤期货以上涨为主，焦煤指数从 1034 点上涨至 3788 点，然后回调至 2187 点。2020 年以来，山西焦煤股价从 3.37 元涨至最高 16.71 元，然后回落至 9.24 元。山西焦煤 2021 年三季度业绩报告显示：前三季度公司实现营收 296.92 亿元，同比增长 24.6%；净利润 31.74 亿元，同比增长 91.5%，这是自企业成立以来同期历史最佳水平。由于煤矿开采成本变化不大，煤炭企业的利润与煤价高度正相关，煤炭股的走势也与煤价走势高度相关。

山西焦煤的主要产品为焦煤、肥煤、瘦煤、贫瘦煤和气煤等。其所属矿区资源储量丰富，煤层赋存稳定，地质构造简单，煤种齐全。古交矿区的主焦煤、肥煤是稀缺、保护性开采煤种，具有低灰分、低硫分、结焦性好等优点。

最近 4 年山西焦煤净资产收益率（ROE）比较稳定（见图 3）。2021 年上半年公司煤炭采选和焦炭毛利率分别为 50% 和 4%。焦炭是拖累山西焦煤的一个重要因素。公司权益乘数一般在 2.6~3.3 波动，总资产周转率在 0.4~0.53 波动。随着煤炭价格上涨，公司权益乘数有所下降，资产负债表有所改善。

最近 10 年山西焦煤的市净率（PB）中枢有所下降，目前在 1.5~2 倍波动。今年焦煤价格上涨，山西焦煤的 PB 也有所上升，9 月一度上升至 2.92 倍，近期回落至 1.72 倍（见图 4）。在估值回落至合理波动区间后，山西焦煤也再次具备了一定的投资价值。

三季度山西焦煤披露《山西焦煤能源集团股份有限公司关于筹划重大资产重组事项的停牌公告》，公司正在筹划以发行股份及支付现金的方式购买控股股东焦煤集团持有的华晋焦煤 51% 股权。山西焦煤过去的股票名称是西山煤电，改名后大股东山西焦煤集团开始向上市公司注入优质资产，对上市公司形成利好。

从长期来看，山西焦煤 ROE 高位运行的时候股价表现也会比较好。考虑到我国新的焦煤矿非常少，未来山西焦煤的竞争对手主要来自海外，预计全球复苏背景下炼焦煤需求有所上升，因此炼焦煤价格或呈现高位波动，山西焦煤有望取得不错的收益。

扫码阅读
原文评论

风险提示：本文仅供学习交流，未经授权禁止转载。资料内的言论和观点仅供参考，以上不构成个股投资建议，不构成对投资人的任何实质性建议或承诺，也不作为任何法律文件。投资有风险，入市需谨慎。

能源升级，全球大势

在作者看来，全球如此大规模启动能源升级，是因为传统能源的使用效能已经到达极限，倘若加大使用量，其负面作用将远超正面收益。

@ 只买印钞机
发布于 2021 年 10 月 30 日

　　我相信到了今天，大家对碳中和已经不陌生了，但是为何全球会突然启动如此大规模的能源升级呢？是石油将要枯竭了，还是煤炭要被挖空了，抑或是全球变暖的原因？

　　我个人觉得，传统能源离枯竭还远，而全球变暖是地球自己的运行周期，人力只能是稍微缓解其影响而已。全球范围内的能源升级，归根到底还是因为传统能源的使用效能已经到达极限，倘若加大使用量，其负面作用将远超正面收益。

　　世界各国都是这样，中国当然也是这样。

能源转型的全球大势

环顾全球，在清洁能源领域起步较早的德国，已经宣布了将于2022年放弃核电，2050年清洁能源占比要达到100%。我们先不说这个目标是否能完成，当前德国清洁能源占比已经达到38%，以风电为主、光伏为辅，而我们的占比只有11%。

德国的清洁能源是依靠市场化的方式发展的。

德国采取电价市场化的方式，建立电力交易市场来平衡各地区用电不均的状况，并解决各种类的电力搭配问题。

德国电网的稳定性之所以能排名世界第二，一方面是其依靠储能和天然气发电进行调峰；另一方面，是依靠精准的电力天气预报系统来进行调节。

在过去十年，德国经济保持了活力，德国工业没有被市场化后的高电价打垮。

而且在2015年，德国在GDP上升的同时实现了碳排放减少。注意，德国也是一个工业国。

回看中国，工业体量更大，作为一个发展中国家，我们的电力需求还会攀升。

为了人民更好地生活，我们需要更多的能源。但是更多的电力需求却对应着越来越高昂的环境代价，这个代价是沉重的。

我们定下了碳中和的目标，希望以此解开束缚我们国家工业发展的能源枷锁，为中国产业升级转型打下坚实的能源供应基础。

在最高目标之下，国家能源局发布了《关于2021年风电、光伏发电开发建设有关事项的通知》。其总体要求是：到2030年非化石能源占一次能源消费的比重达到25%左右；2021年，全国风电、光伏发电发电量占全社会用电量的比重达到11%左右，后续逐年提高，确保2025年非化石能源消费占一次能源消费的比重达到20%左右。

《2030年前碳达峰行动方案》中提到了更加具体的规划：到2030年，风电、太阳能发电总装机容量达到12亿千瓦以上。

碳达峰、碳中和目标具有丰富的内涵。探究其根本，就是颠覆能源结构，实现可持续发展。

至此我们可以对风电、太阳能发电的发展总趋势有一个大概的认识：就是要加速建设，能建多少建多少，能建多快建多快。

同时，为了让风电、太阳能发电厂顺利扩张，在2021年7月，国家发展改革委、国家能源局还发布了《关于加快推动新型储能发展的指导意见》。其指出：到2025年，实现新型储能从商业化初期向规模化发展转变。新型储能技术创新能力显著提高，核心技术装备自主可控水平大幅提升，在高安全、低成本、高可靠、长寿命等方面取得长足进步，标准体系基本完善，产业体系日趋完备，市场环境和商业模式基本成熟，装机规模达3000万千瓦以上。

也就是说，与风电、太阳能发电相匹配的储能行业，也会同步扩张，迎来繁荣。

光伏、风电的技术拐点

由于储能技术的发展，困扰电网的风电、太阳能发电不稳定问题也得到了解决。在2021年2月国家发展改革委、国家能源局发布的《关于推进电力源网荷储一体化和多能互补发展的指导意见》中，已经提出了要进行源网荷储一体化和多能互补。

这个源网荷储一体化可以简单理解为，新建电厂都必须自己配套储能，以减轻电网压力。

其实，在我们国家，风电、太阳能已经发展了快20年，不少早期修建的风机已经到了要报废的阶段。对于太阳能，我相信很多老股民早都炒过一轮了，其中有些太阳能巨头，在残酷的价格战中，已经退市了。

这也给大家留下了一个风电、光伏仅仅是在炒概念的印象。其实每一个产业的发展，都必然经历早期的繁荣和破灭。

因为在早期，光伏、风电成本高，技术也不成熟，全靠补贴在支撑。而且国内国外竞争激烈，企业很难真正盈利，可以说，当时这个行业不具备自我造血能力。

而到了2021年，技术拐点已至，其标志就是光伏、风电平价上网，电价补贴逐步退出。

平价上网意味着光伏、风电的发电成本已经足够低，现在投资新的光伏、风电发电厂，已经可以盈利了。

比如在吉电股份的某分布式光伏建设规划中就写道：项目工程动态总投资11.34亿元，按经营期内前20年上网电价为0.4249元/千瓦时（含0.03元/千瓦时补贴）、后5年为山东燃煤基准电价0.3949元/千瓦时测算，全投资收益率（税后）是6.76%，资本金收益率为11.19%，投资回收期为12.23年，收益较好。

这样一个收益，对于资本来说其实已经相当可以了。

更何况，电价市场化以后，电费的上涨、绿电交易所独有的电费溢价，这些收益都还没有算。

政策加速支持

2021年除了技术拐点已显现外,政策的加速支持也非常明显。

其中比较核心的一个制度建设就是:建立消纳责任权重引导机制。

在国家能源局《关于2021年风电、光伏发电开发建设有关事项的通知》答记者问中,有这样一段回答:

"国家不再下达各省(区、市)的年度建设规模和指标,而是坚持目标导向,测算下达各省年度可再生能源电力消纳责任权重,引导各地据此安排风电、光伏发电项目建设,推进跨省跨区风光电交易。"

也就是说,风电、光伏项目的推进,以及可再生能源电力的消纳,即卖电问题,将会得到极大的重视。可以说,未来的风电、光伏发电厂的电,是不愁卖的。

而弃风弃光问题其实早就已经被解决了。2021年7月28日国家能源局新闻发布会上公布的数据显示:2021年1至6月,全国弃风率3.6%,同比下降0.3个百分点;全国弃光率2.1%,同比下降0.07个百分点。

可以看到,全国范围内,弃风弃光问题已经不再是主要问题了。跟德国一样,我们也建立了高效精确的电力天气预报系统。

比如金风科技的智慧风电场,对风电发电量预报的精准度已经上升到了80%~90%。

容易被忽视的电网资源整合作用

在我们国家整个可再生能源发展的过程中,电网起到了资源整合的作用。同时,电网也是容易被普通投资者忽视的一个重要角色。所以这里我必须简单介绍一下电网。

首先电网企业掌握了特高压技术,负责电网的建设,以及地区间的电力资源调配。

电网企业还需要购买、建设储能,包括抽水储能、压缩空气储能等大型储能设备。而电力运营商,也就是发电厂,一般都采用化学储能,主要是电池。

电网作为电力系统的"中间环节",在电力系统运行过程中处于重要地位,具有自然垄断属性。

所以国家在新时代也对电网企业提出了新的要求,即提升服务,支持光伏、风电的发展建设。同时,国家也提出了保障性并网的要求。

虽然电网企业可以保证消纳,但是还是要跟发电厂收"考核费"。《并网主体并网运行管理规定(征求意见稿)》《电力系统辅助服务管理办法(征求意见稿)》对送电企业的"考核费"进行了具体的规定。

这是由于现阶段发电厂的储能发展仍然落后,电网为了调峰,付出了太多成本,所以对储能建设落后的企业,需要收取一定的"考核费"。

这样一来,对于风电、光伏发电厂来说,项目的位置就尤为重要,离发达地区近的,当然就不必交太多"考核费"了。

从这个角度来说,发电厂的扩张建设,其实跟房地产很像,其核心资源都是土地。

具有先发优势的发电厂,早已拿下了最好的地段;而后来的追赶者,通常都需要付出更多的成本,才能拿下好地段。

要知道,光伏设备、风电风机都会老化,新科技、新产品也会不断被研发出来,只有好地段是不可复制的核心资产。

只要占有好地段,风、光资源就可以源源不断地被开发出来,变成电力,变成利润。

过去的房地产发展讲求土地储备,未来的发电厂扩张一样讲求土地储备。不过这一次,想拿项目,就要拼硬实力。

例如,国家规定新建的风电、光伏项目,需要最低含有15%的储能建设。但是为了拿项目,发电厂已经把建设规划中的储能比例提高到50%了。

到这里,我们对中国的可再生能源发展就有了一个大体认识,知道了光伏、风电的发展,绝不仅是说说而已,而是要真抓实干的,是要快速、加速发展的。

以三峡能源为例谈谈风能相关企业如何发展

这里我就用比较典型的风能、太阳能开发运营企业三峡能源作为例子，谈一下当下的相关企业如何发展。

中国三峡新能源（集团）股份有限公司（三峡能源）的主营业务为风能和太阳能的开发、投资和运营，主要产品有海上风电、陆上风电、光伏发电。目前，三峡能源的业务已覆盖全国30个省、自治区和直辖市，装机规模、盈利能力等跻身国内新能源企业第一梯队。

2016年以来，公司对电力生产运维模式进行了改革探索，提出了以"远程集中监控、现场无人值班（少人值守）、区域自主检修"为核心内容的新运维模式。

在电力销售方面，公司参与市场化交易的省（自治区）有17个：甘肃、青海、宁夏、新疆、内蒙古、河北、黑龙江、吉林、辽宁、四川、云南、山西、陕西、山东、福建、湖南和贵州。公司参与的市场化交易按照交易周期不同可分为中长期交易和现货交易。未来随着电力市场改革的不断深入，市场化交易的范围和规模可能将不断扩大。新能源企业通过参与市场化交易销售电量将成为电能销售的主要方式。

三峡能源是风、光并进的企业，光伏和风电技术相对优秀。

在风电领域，做"海上风电的引领者"是国家赋予三峡集团的光荣使命，而三峡能源则是三峡集团开发海上风电的载体。作为国内最早布局海上风电的企业之一，三峡能源先发优势明显，海上风电资源储备居国内前列。2021年中报报告期末已投运规模149万千瓦，在建规模294万千瓦，排名行业第一，约占全国海上风电在建规模的20%，集中连片规模化开发格局成型。

在光伏领域，三峡能源的资源整合能力较强。乌兰察布"源网荷储"示范项目是国内首个"源网荷储"示范项目。公司目前已开发多个光伏领跑者项目，如青海格尔木500兆瓦光伏应用领跑者基地项目、山西大同100兆瓦领跑者项目等。在格尔木项目中，公司与上游厂商充分合作，大幅压缩系统成本，提升发电效率，使得该项目在较低电价下仍获得良好收益。

在三峡能源2021年的半年报中，数据显示公司风电、光伏发电量都增长了40%左右，同期全国风电、光伏发电装机规模分别同比增长34.7%和23.7%。

同时，三峡能源的净利润率可以达到44%，这甚至比一些白酒企业的净利润率都高。高净利润率并不是三峡能源的专属，现在风电、光伏运营商的收入都呈现出高毛利、高净利、高增长的态势。

报告显示，三峡能源的在建工程有大约340亿元，项目储备也是比较丰富的。

见微知著，整个光伏、风电行业的发展，都处于扩张阶段。这是全行业的繁荣，绝不仅仅是某个厂商的繁荣而已。我相信，新能源等新兴产业会成为中国新的经济支柱，为我们带来更加绿色、环保、健康的生活。

扫码阅读
原文评论

风险提示：本文仅供学习交流，未经授权禁止转载。资料内的言论和观点仅供参考，以上不构成个股投资建议，不构成对投资人的任何实质性建议或承诺，也不作为任何法律文件。投资有风险，入市需谨慎。

聚焦 Focus

隆基股份 A、B 面：
阵痛期如何破局？

不领先不扩产、不卡脖子不介入，是隆基股份一贯的做法。但事实证明，隆基股份低估了下游扩产的疯狂程度。需求变"内卷"，仅靠自己调低开工率无法压制硅料价格上涨的趋势，隆基股份终究还是被硅料卡了脖子。

@Leihak
发布于 2021 年 9 月 1 日

2021 年无疑是隆基股份正在经历的阵痛期。而其经历阵痛期的主要原因有三：一是硅料涨价带来的成本压力，这个压力在市场需求上升和下游疯狂扩产的周期中很难应对；二是 2020 年加速扩张中卖掉的低价组件需要交付，使得公司利润承压；三是管理层判断失误，调低开工率不仅没有压制住硅料涨价，反而将一部分市场拱手让人。

当然，隆基股份在阵痛期也是有成绩的，主要体现在组件等应用业务上。首先，低价订单大部分完成交付，彰显了隆基股份作为龙头企业的履约能力，这一点在未来将赢得更多大客户的信赖。同时，在上述压力下，隆基股份上半年组件的利润有保障，可以说是扛住了压力。最为亮眼的是组件出货量为 17.01GW，已经完成 2021 年目标（40GW）的 42.5%，进一步提升了市占率，同时海外市场占比大增，体现了隆基股份加速海外渠道建设的成果。此外，隆基股份在新一代电池技术、光伏建筑一体化（BIPV）、氢能等方面的布局，也是领先市场的。只不过，这些都没有体现在当下的财务报表中。

其实，作为一名只需要动动脑子、动动手指的投资者，我是没有资格去评价一家如此优秀的企业的。对于我来讲，这份成绩单是非常不错的。客观来说，大家都能看出来，隆基股份从 2020 年开始把组件的市占率放在了第一目标位，从出发点来看是完全没有问题的。因为光伏通过降本增效平价上网之后，未来市场的竞争核心一定是组件，所以重点在于应用场景的深耕。但从结果来看，隆基股份低估了产业链的动态失衡，没有处理好这一战略带来的"顾此失彼"。在业绩说明会上，隆基股份的管理层已经进行了深刻反思，接下来一定会有所行动，打破困局。

中报的 A 面：组件业务带动营收大增，市占率的提升打开盈利空间

隆基股份的财报一向以稳健著称，2021年中报也不意外。报告期内公司实现营收351亿元，同比增长74.26%；实现归母净利润49.93亿元，同比增长21.3%，对应每股收益为0.93元/股；扣非后归母净利润49.05亿元，同比增长25.95%。其中二季度实现营收192亿元，同比增长66.73%，环比增长21.38%；实现归母净利润24.91亿元，同比增长10.59%，环比下降0.44%；扣非归母净利润24.84亿元，同比增长16.45%，环比增长2.6%。报告期内综合毛利率为22.73%；加权平均净资产收益率为12.56%；资产负债率为55.18%，较2020年末下降4.20个百分点。

从产品出货来看，隆基股份2021年上半年实现单晶硅片出货38.36GW，其中对外销售18.76GW，同比增长36.48%，自用19.60GW（182毫米的单晶硅片占比为23%，166毫米的占比43%，158毫米的占比20%左右，预计下半年182毫米的占比将显著提升）；实现单晶组件出货量17.01GW，其中外销16.6GW，同比增长152.4%，自用0.41GW，其组件出货量保持行业第一。

按照规划，2021年底，隆基股份全年实现营收850亿元，组件和硅片出货量分别为40GW、80GW，产能规划中硅片105GW、电池38GW、组件65GW的目标不变。

如何看待中报披露的上述业绩呢？

第一，受低价订单和低开工率的影响，隆基股份二季度扣非净利润能够实现微增实属不易。

第二，隆基股份组件的出货量绝对是超预期的，组件对营收增速的贡献加大。卸掉低价订单的包袱后，随着组件市占率的稳步提升，组件端对利润贡献的空间将被打开。上半年组件业务贡献营收248亿元，亏损3.8亿元，说实话亏得不多。从7—8月的公开招标信息来看，隆基股份以高价组件拿下了50%以上的市场份额，组件盈利情况将有所改善。

第三，海外营收占比迅速提升。2020年海外营收占比近四成，2021年上半年组件占比提高至近五成，海外市场扩张成绩斐然。这一方面是因为上半年国内装机不及预期，海外并网电价弹性较大，客户接受度高；另一方面也得益于隆基股份海外渠道的建设。

第四，上半年组件存货价值170多亿元，2020年底存货价值110多亿元，主要原因可以从两方面看：一是海外在途存货以及保价博弈的存货较多，二是生产规模的扩大。管理层表示80%的存货是有订单确认的，20%在分布式光伏的渠道有消化出口。总体来看公司还在稳步扩产中。

第五，公司账上有现金（货币资金）210多亿元，不论是针对上游供应链，还是下游扩产，都是可以拿来做点事情的。

中报的 B 面：供应链迎接阵痛期，考验企业破局能力

除了硅料、海运价格飙升等客观因素的影响外，低价订单带来的兑付压力以及低开工率带来的非硅成本的上升，都是由隆基股份自己造成的。尤其是其调低硅片环节的开工率，不仅没有压制住上游涨价，也没有像上机数控和中环股份那样靠硅片从市场上赚取更多收益，这一做法有点得不偿失。

在2020年年报的业绩说明会上，隆基股份就表示不愿意介入硅料生产环节，并认为硅料企业会自己投产，凡是人造的东西都会过剩。这是隆基股份一贯的作风，除非上游企业对市场判断错误，否则隆基股份出于保护供应链的原则一般不会介入。隆基股份一贯的做法是，不领先不扩产、不卡脖子不介入。但事实证明，隆基股份低估了下游扩产的疯狂程度。整个光伏行业需求变"内卷"，仅靠一家企业调低开工率无法压制硅料价格上涨的趋势，隆基股份终究还是被硅料卡了脖子。

对于这一点，隆基股份表示已进行反思。那么接下来，我相信隆基股份将会采取一系列动作改善现状，起码硅片产能需要适度提升，哪怕是被迫增加外销，多赚点利润。但隆基股份给我的感觉是不想参与硅片等下游环节的非理性扩产。而事实证明，你想保护供应链，但供应链不想保护你。隆基股份显然还是吃了友商的亏。

接下来，我认为隆基股份还是不会直接介入硅料的生产环节，毕竟投产周期长且占现金流，应该还是以参股的形式减轻原材料的压力，但力度一定会加大。

供应链方面，即使2022年硅料产量跟上来，我认为价格也不一定会大幅度走低，这取决于下游扩产的情况。只要海外需求继续旺盛，且电池厂还扛得住，硅片仍将继续紧缺，并吸引更多厂家扩产。2021年下半年，隆基股份卸掉低价订单的包袱后，组件厂重回同一起跑线进行竞争，还是会各凭本事。根据隆基股份上半年40%多的组件出货目标完成度来看，下半年组件利润预期将有所改善，加上硅片利润贡献度应该会有所上升，整体还是令人期待的。

至于隆基股份研发投入高、氢能设备商业化落地、BIPV等优势，就不在此赘述了。182毫米、210毫米的硅片出货能力孰强孰弱也不讨论了，这些都不是重点。

总体来说，光伏是个苦行业，产业链冗长又复杂，隆基股份即使有一颗非常想要降本增效、让组件价格持续下降的初心，也无法抵抗市场的变化无常。要想成为真正的龙头大哥，隆基股份还是需要拿出点魄力和手段的。

表1 2019年至2021年上半年光伏企业净利润和增幅

	2019年各季度数据对比									
	一季度		二季度		三季度		四季度		全年	
公司	净利润（亿元）	增幅(%)	净利润（亿元）	增幅(%)	净利润（亿元）	增幅(%)	净利润（亿元）	增幅(%)	净利润（亿元）	增幅(%)
隆基股份	6.11	12.54	13.98	82.98	14.74	283.85	17.95	108.72	52.8	106.4
中环股份	1.88	50.4	2.65	51.43	2.5	98.41	2.02	-1.9	9.04	42.93
上机数控	0.42	-30.24	0.53	-11.02	0.56	6.91	0.33	20.8	1.85	-7.72
京运通	-0.15	-109.8	0.86	-50.67	0.96	-35.12	0.96	447.73	2.63	-41.73
晶澳科技	0.86	-74.05	3.08	5670.12	3.03	6012.53	5.55	-21.36	12.52	74.09
天合光能	—	—	—	—	—	—	—	—	6.41	14.82

	2020年各季度数据对比									
	一季度		二季度		三季度		四季度		全年	
公司	净利润（亿元）	增幅(%)	净利润（亿元）	增幅(%)	净利润（亿元）	增幅(%)	净利润（亿元）	增幅(%)	净利润（亿元）	增幅(%)
隆基股份	18.64	204.92	22.52	61.08	22.4	51.93	21.96	22.3	85.52	61.99
中环股份	2.52	34.47	2.86	8.13	3.08	23.31	2.43	20.28	10.89	20.51
上机数控	0.63	48.43	0.88	64.56	1.92	241.2	1.89	464.32	5.31	186.72
京运通	0.84	650.42	1.45	66.94	1.87	95.35	0.24	-75.21	4.4	67.09
晶澳科技	2.86	230.36	4.15	34.86	5.9	95.12	2.15	-61.23	15.07	20.34
天合光能	1.53	180.41	3.4	286.35	3.39	42.72	3.98	52.5	12.29	91.9

	2021年上半年各季度数据对比					
	一季度		二季度		上半年	
公司	净利润（亿元）	增幅(%)	净利润（亿元）	增幅(%)	净利润（亿元）	增幅(%)
隆基股份	25.02	34.24	24.91	10.59	49.93	21.3
中环股份	5.41	114.58	9.39	228.16	14.8	174.92
上机数控	3.15	402.17	5.35	509.12	8.49	464.59
京运通	2.17	157.49	2.38	64.4	4.55	98.69
晶澳科技	1.57	-45.11	5.57	34.05	7.13	1.78
天合光能	2.3	-42.11	4.76	106.58	7.06	43.17

资料来源：同花顺。

如何看隆基股份和光伏产业的后市

或许因为隆基股份的保密工作做得很好，在每年财报公布前后，其都会上演股价急跌急涨的保留曲目。2021年的中报其实并没有不及预期，只是受新能源产业链集体回调的影响，一部分大资金从隆基股份短期流出，股价肯定是承压的，短期将继续在80~90元的箱体震荡。

其实，对隆基股份财报不看好的投资者，我估计大多是短线客。表1是2019年至2021年上半年几家光伏企业各季度的净利润和增幅，我们会发现隆基股份的"原罪"是2019年下半年其超出同行太多，2020年一季度的数据又太好，整体相比提升了一个量级，导致2021年增速太低。

从这个角度看，隆基股份2020年出现了较大的涨幅，而2021年其他厂商的业绩弹性更好，股价表现更优秀，这也是合理的。但财务报表反映的都是过去的数据，把时间拉长来看，对比一下上述10个季度各企业的连续表现，隆基股份依旧是最优秀的那一个。所以，如果发展新能源是未来10年、20年的大趋势，隆基股份一定是各类资金配置的标配之一，因为它可以行稳致远。

对于后市光伏产业链的投资，除了专业电池厂商外，我依旧整体看好。如果是对2022年的预期，目前来看，硅料、硅片将继续享受高毛利（通威股份、上机数控等），而专业电池厂商（爱旭股份等）

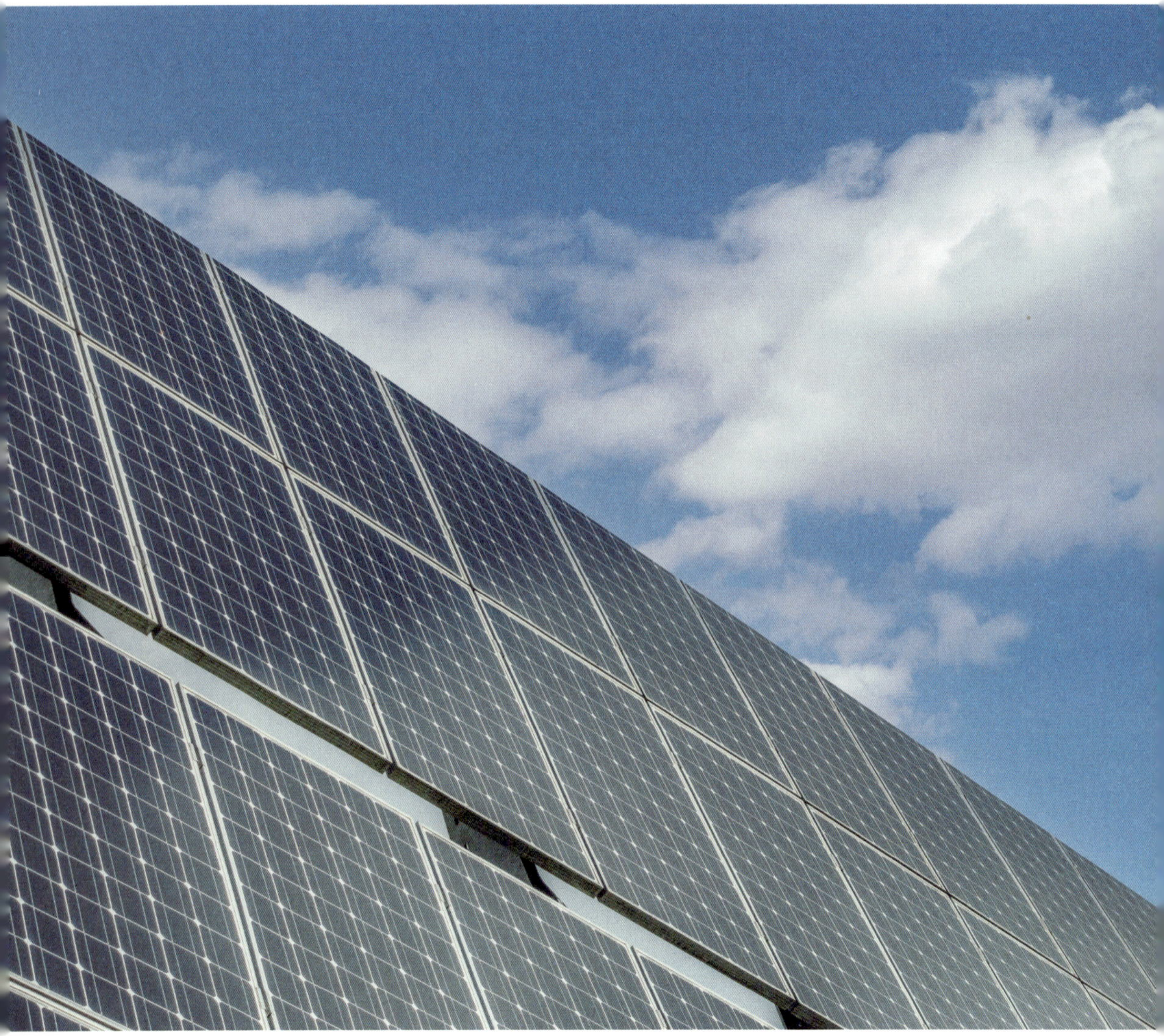

将继续承压。组件厂重回同一起跑线，隆基股份出货能力依旧最强，且2022年电池环节的格局将有大变化，组件盈利能力或将在这一年拉开差距。短期来看，二、三线厂商（晶澳科技、天合光能）业绩弹性更好，但我认为业绩弹性带来的股价溢价在下半年将大大减弱，几家二、三线厂商的估值处在历史高位，性价比较低。而近期一些连年亏损企业的股价已涨到飞起，我不太看好这些企业。

从另一个角度看，硅片、组件两大环节处在高速扩产期，拉晶切片设备、玻璃胶膜等相关产业链也将充分受益。电池技术的更新将带动相关设备厂商的业绩增长，TOPCon和HJT两大技术路线也将并行，前者要胜于后者。至于想要拿新电池技术当救命稻草的专业电池厂商，我仍旧持怀疑态度。

扫码阅读
原文评论

风险提示：本文仅供学习交流，未经授权禁止转载。资料内的言论和观点仅供参考，以上不构成个股投资建议，不构成对投资人的任何实质性建议或承诺，也不作为任何法律文件。投资有风险，入市需谨慎。

如何给中国核电估值

@F_Free
发布于 2021 年 10 月 31 日

2020 年,中国核电收购中核汇能,对新能源产业进行布局,并期望在"十四五"规划末期装机规模达到 3000 万千瓦。今后新能源机组将占据中国核电的半壁江山,但今年只是一个开始,具体细节还没有足够的数据支撑,此文只谈核电部分。

要想完成对中国核电的估值,无非就是把握几个关键点:电量、电价、固定资产折旧、财务费用、增值税返还政策以及所得税政策。按照惯例,我将试着分析三年之后,也就是 2024 年的情况。虽然很难得出精确的数值,但我们至少能做到心里有数。

指标一:营业收入

营业收入 = 上网电量 × 电价。

1. 上网电量

2021 年 4 月 14 日,中国核能行业协会发布了《中国核能发展报告 2021》。该报告预测,到 2025 年,我国在运核电装机容量将达到 7000 万千瓦,在建核电装机容量将达到 5000 万千瓦;到 2030 年,在运核电装机容量将达 1.2 亿千瓦,约是目前的 2.3 倍,核电发电量约占全国发电量的 8%;到 2035 年,我国在运和在建核电装机容量合计将达到 2 亿千瓦左右,发电量约占全国发电量的 10%。可以看出,未来 15 年仍是我国核电发展的重要战略机遇期。

要保证实现"双碳"目标,离不开清洁能源供电,而核能又是清洁能源的重要组成部分。因此,我认为核电机组能够在未来三年保持现有的利用小时数。

中国核电 2020 年年报显示,截至 2021 年 3 月 31 日,中国核电控股在运核电机组 23 台,总装机容量为 2139.1 万千瓦。在我们选取的 2024 年底这个时间节点之前,还有 3 台机组可以投入商运,它们分别是:福清 6 号机组(预计 2021 年投产)、田湾 6 号机组(预计 2021 年投产)、漳州 1 号机组(预计 2024 年 6 月投产),对应容量分别是:116.1 万千瓦、111.8 万千瓦、121.2 万千瓦。

因此,要想计算出 2024 年中国核电的上网电量,我们只需要再找到两个参数,即核电机组的平均利用小时数和厂用电率(见表 1)。

表 1 中国核电 2014—2020 年核电机组综合参数

项目	2020 年	2019 年	2018 年	2017 年	2016 年	2015 年	2014 年	平均值
利用小时数	7621	7134	7441	7461.2	7371.5	7584	7884	7500
厂用电率(%)	6.15	6.74	6.68	6.67	5.89	6.84	6.59	6.5

中国核电 2024 年上网电量 = (2139.1+116.1+111.8+121.2×0.5)× 7500×(100%-6.5%) ≈ 1702 亿千瓦时

需要注意的是:漳州 1 号机组因预计于 2024 年 6 月投入商运,因此只能计算半年的发电量;采用利用小时数和厂用电率的多年平均值预测 2024 年上网电量,其预测结果一定会有出入,但对于估值来说足够了。

2. 电价

国家发展改革委、国家能源局于2017年2月20日印发了《保障核电安全消纳暂行办法》（以下简称《办法》），明确了核电机组优先保障发电，确定了保障利用小时数的计算方法；要求在保障利用小时内执行原先的标杆电价，在保障利用小时外鼓励通过电力直接交易等市场化的方式促进消纳，并且明确了核电企业需要直接或间接参与调峰。

《办法》规定：在市场条件允许的情况下，省级政府电力主管部门按照国家规定的原则确定本地区核电机组优先发电权计划。对市场条件受限的地区，优先发电权计划按照所在地区6000千瓦及以上电厂发电设备上一年平均利用小时数的一定倍数（保障倍数）确定。

保障倍数等于全国前三年核电平均利用小时数除以全国前三年6000千瓦及以上电厂发电设备平均利用小时数。各地可根据实际情况适当调整保障倍数范围。

根据中国电力企业联合会每年度《全国电力工业统计快报一览表》，2018—2020年，我国核电平均利用小时数为7543、7394、7453。

在《雅砻江流域水电开发有限公司2021年度第八期超短期融资券募集说明书》中，2018—2020年，6000千瓦及以上电厂发电设备累计平均利用小时数为3862、3825、3758。

于是我们可以用以上数据估计2021年的核电保障倍数：

保障倍数=(7543+7394+7453)÷(3862+3825+3758)≈1.96

虽然我没有查到浙江省6000千瓦及以上电厂发电设备平均利用小时数的数据，但作为全国排名第四的用电大省，其平均利用小时数应该不会低于3500小时，核电保障利用小时数至少有7000小时，秦山基地和三门基地的11台机组2020年的利用小时数大概在7800小时，市场化电量占比应该只有10%左右。

利用《2020年浙江省电力直接交易工作方案》中的数据，我们可以计算出2020年浙江省各核电机组的市场化电量占全年上网电量的比例，如表2所示。

表2 2020年浙江省核电机组市场化电量情况

项目	参与电量（亿度）	参与电量（亿度）	市场化电量占比（%）
秦山一期	12.24	24.48	50
秦山二期1、2号机组	23.11	100	23
秦山二期3、4号机组	50.76	101.52	50
秦山三期	23.416	110	21
方家山	79.795	159.59	50
三门核电	0	176	0

计算得出的市场化电量占比远超《办法》规定的理论值，我猜测可能是各地根据实际情况做出了调整。

实际上，中国核电对此早有预料。其2019年年报显示：2020年受政策及供需影响，目前各省份直供电政策仍不明朗，核电的电价和计划电量下调压力长期存在。

公司在2020年年报中提到：2020年，全国电力体制改革向纵深推进，电力现货、辅助服务等各项改革举措全面铺开，电力市场结构和市场体系正在形成，交易规模逐步扩张，市场电比例逐年攀升，包括核电在内的发电企业将进一步承受来自电量消纳和调峰等多方面的压力；受地方电改政策影响，电价优惠幅度不断增加，同时由于电力市场竞争加剧，上网电价下调的风险仍然存在。

在看似严峻的环境中，中国核电做出的成绩却令人颇感意外——不含税的上网电价近年来并没有降低很多。

比如，2017—2020年年报数据显示，各省份上网电价连年下降（见表3）。

表3 2017—2020年中国核电上网电价

项目	2020年	2019年	2018年	2017年
浙江省（元/兆瓦时）	407.85	419.3	421.41	422.8
江苏省（元/兆瓦时）	395.5	414.3	423.15	448.51
福建省（元/兆瓦时）	355.47	386	369.03	368.83
湖南省（元/兆瓦时）	409.96	415.3	428.66	425.4
市场电占比（%）	37.06	33.71	27.06	21

但剔除 2018 年和 2019 年中的两次增值税调整的影响之后，2020 年各省上网电价除了江苏省降低约 8.7% 外，其余各省均没有显著下滑（见表 4）。至于江苏省，2017—2020 年，共有 3 台机组投入商运，标杆电价为 0.391 元 / 兆瓦时，而之前在运的 2 台机组标杆电价为 0.439 元 / 兆瓦时，因此拉低了上网电价平均水平。

看来中国核电对于上网电价还是有一定掌控力的。我们假设未来三年这种掌控力不会消失，即公司的综合上网电价不变，那

表 4 中国核电剔除增值税后的上网电价　　　　　　　　　　　　单位：元 / 兆瓦时

省份	2020 年	2017 年
浙江	360.93	361.37
江苏	350.00	383.34
福建	314.58	315.24
湖南	362.80	363.59

么 2024 年的电价就可以用 2020 年年报数据 354.2 元 / 兆瓦时进行模拟。

上网电量和电价都有了，核电部分的营收就出来了：

营业收入 =1702×0.3542 ≈ 603 亿元

指标二：固定资产折旧

这里我只讨论核电部分的固定资产折旧。

为了剔除新能源业务的干扰，我们从 2019 年开始计算（2019 年绝大部分固定资产都是核电相关资产）。

2019 年末中国核电固定资产原值为 2825 亿元，预计到 2024 年底，会有江苏田湾核电站扩建工程 5、6 号机组项目，福清核电厂 5、6 号机组项目，福建漳州能源厂一期工程项目这 5 台在建机组需要转固，也就是说，2024 年底，中国核电固定资产原值大概有 3725 亿元（见表 5）。

表 6 为 2015—2020 年中国核电折旧情况，可以看出中国核电综合折旧年限约为 25 年。据此推算，2024 年中国核电的固定资产折旧为 150 亿元左右。

表 5 中国核电 2024 年底固定资产原值情况　　　　　　　单位：亿元

项目	预算数	截至 2024 年需转固数
江苏田湾核电站扩建工程 5、6 号机组项目	308	308
福清核电厂 5、6 号机组项目	390	390
福建漳州能源厂一期工程项目	403	202
2024 年底固定资产原值		3725

注：转固数值并不等于预算数，这里只是大致估计。

表 6 2015—2020 年中国核电折旧情况

项目	2020 年	2019 年	2018 年	2017 年	2016 年	2015 年
固定资产原值（亿元）	3034.6	2799.5	2325.7	1823.2	1658.4	1352.7
计提折旧（亿元）	117	111	96.4	80	71.4	57.6
折旧年限	25.9	25.2	24.1	22.8	23.2	23.5

注：固定资产原值采用年初年末的平均值；由于 2019 年 7 月起公司执行新的折旧政策，折旧年限稍有延长。

指标三：增值税返还

根据《财政部 国家税务总局关于核电行业税收政策有关问题的通知》，秦山一核、秦山二核、江苏核电、三门核电、福清核电、海南核电自核电机组正式商业投产次月起 15 个年度内，实行增值税先征后退政策，返还比例分三个阶段逐级递减。具体返还比例为：(1) 自正式商业投产次月起 5 个年度内，返还比例为已入库税款的 75%；(2) 自正式商业投产次月起的第 6 至第 10 个年度内，返还比例为已入库税款的 70%；(3) 自正式商业投产次月起的第 11 至第 15 个年度内，返还比例为已入库税款的 55%；(4) 自正式商业投产次月起满 15 个年度以后，不再实行增值税先征后退政策。增值税退税款专项用于还本付息，不征收企业所得税。

我们先来看看 2021—2024 年中国核电增值税返还比例降档的机组有哪些（见表 7）。

2021—2024 年共有 10 台机组降档，其中 7 台机组的增值税返还比例降低了 5%，1 台机组的返还比例降低了 15%，2 台机组的降低

了55%。将它们分别乘以各自的机组容量，就能计算出降档等效容量。

即三年内，共有相当于(112.6+112.6+108.9+108.9+65+125+125)×5%+66×15%+(106+106)×55%=164.4万千瓦的容量所对应的增值税不能返还了。

而这三年里，又新投运了4台机组，福清5号、6号机组，田湾6号机组，漳州1号机组，它们合计新增了(116.1+116.1+111.8+121.2×0.5)×75%=303.45万千瓦的容量对应的增值税返还额。

理论上，公司2024年会比2020年收到更多的增值税返还额，但多返还的金额并不容易确定，原因有以下两点：

表7 中国核电增值税返还比例降档情况

返还比例	降档机组	降档时间	机组容量
75%降至70%	江苏3号	2023年2月	112.6
	江苏4号	2023年12月	112.6
	福清3号	2021年10月	108.9
	福清4号	2022年9月	108.9
	海南2号	2021年8月	65
	三门1号	2023年9月	125
	三门2号	2023年11月	125
70%降至55%	秦山二期4号	2021年12月	66
55%降至0%	江苏1号	2022年5月	106
	江苏2号	2022年8月	106

第一，新建机组由于前期固定资产投资额非常大，可予抵扣的进项税在正式商业投产后需要几年时间才能抵扣完毕；

第二，企业在实际缴纳增值税的过程中，会出现将低税负机组的进项税在高税负机组中抵扣这样的操作。

指标四：费用

1. 财务费用

中国核电2015—2020年有息负债情况如表8所示。

由表8可知，中国核电贷款利率中规中矩。其财务费用占比也相对稳定，没有对费用结构产生冲击性影响的情况出现（见表9）。

2. 其他费用

中国核电的其他费用占营业收入的比例情况如表10所示。

由表10可知，2015—2020年中国核电四项其他费用合计占营业收入的比例有增加趋势，这主要是由管理费用和研发费用的增速超过营收的增速所致。好在占比不是很高，让我们暂且搁置，再观察一段时间。

表8 2015—2020年中国核电有息负债情况

项目	2020年	2019年	2018年	2017年	2016年	2015年
有息负债（亿元）	2197.6	2115.5	1984.5	1859.9	1740.8	1615.8
利息支出（亿元）	99.8	95.6	89.2	82.3	74	80.6
综合利率（%）	4.54	4.52	4.49	4.43	4.25	4.99

表9 2015—2020年中国核电财务费用情况

项目	2020年	2019年	2018年	2017年	2016年	2015年
营业收入（亿元）	522.8	460.7	393.1	338.3	300.1	262
财务费用（亿元）	69.6	71.3	52.7	41.5	43.3	39.9
财务费用占比（%）	13.3	15.5	13.4	12.3	14.4	15.2

表10 2015—2020年中国核电其他费用占比情况

项目	2020年	2019年	2018年	2017年	2016年	2015年
营业收入（亿元）	522.8	460.7	393.1	338.3	300.1	262
税金及附加（亿元）	6	5.5	5.2	5.6	5.5	3.9
销售费用（亿元）	0.6	0.6	0.5	0.4	0.6	0.7
管理费用（亿元）	23.5	20.3	13.9	10.3	9.5	8.3
研发费用（亿元）	10.3	5.7	4.6	4.4	3.5	2.6
费用合计（亿元）	40.4	32.1	24.2	20.7	19.1	15.5
占比(%)	7.7	7.0	6.2	6.1	6.4	5.9

指标五：所得税

中国核电的每一台机组都会独立享受"三免三减半"的所得税优惠，即自取得第一笔生产经营收入所属纳税年度起，前三年免征所得税，后三年减半征收所得税，之后正常缴纳所得税。2015—2020年中国核电所得税费用情况见表11。

但2024年底，除了福清5号、6号机组，田湾6号机组，漳州1号机组外，其他机组均需全额缴纳所得税。也就是说，2024年中国核电实际所得税税率将会比之前高很多。

表11 2015—2020年中国核电所得税费用情况

项目	2020年	2019年	2018年	2017年	2016年	2015年
税前利润（亿元）	131.8	103.5	100.2	95.0	92.3	82.1
所得税费用（亿元）	22.3	19.4	14.8	13.9	11.2	11
所得税税率（%）	16.92	18.74	14.77	14.63	12.13	13.40

指标六：自由现金流

近日，中国核电第三届董事会第二十八次会议通过了《关于秦山三期（重水堆）核电站工程配套全堆芯压力管更换项目建议书的议案》，计划总投资151亿元，于是有投资者提出了疑问。

投资者问：公司《关于秦山三期（重水堆）核电站工程配套全堆芯压力管更换项目建议书的议案》披露，计划总投资约151亿元，预计于2032年完成。按照秦山三期2台重水堆装机145.6万千瓦推算，上述项目投资折合10371元/千瓦，与新建核电站的费用相差不多。请问该项目建设的必要性是什么？其投资回报率如何？谢谢！

中国核电答：谢谢您对公司的关注。此项目的必要性：压力管更换是重水堆机组安全运行的固有要求，根据秦山三期重水堆设计文件手册及最终安全分析报告，运行中期需开展全堆芯压力管更换，以保证机组运行达到设计寿命。根据测算，投资回报率可以达到目前建设核电站的资本金内部收益率的要求，具有良好的经济性。

这里需要解释的是，压力管更换只会出现在重水堆机组。而秦山三期的两台机组是中国核电在国内仅有的两台重水堆机组，甚至可能是地球上最后出现的两台重水堆机组，其他均为压水堆机组，而压水堆机组的维护费用和维持性资本开支都很低。

2021年9月，秦山一期1号机组延寿获批。该机组于1991年并网，初始设计寿命30年，延寿至2041年，实际寿命50年。我国华龙一号机组的设计寿命甚至可以达到60年，到期若再延寿，可能实际寿命能达到100年。

而中国核电的固定资产综合折旧年限为25年，维持性资本开支又不高，这意味着，核电业务的自由现金流可以按净利润加折旧稍打个折扣计算，甚至不打折扣直接使用都是可以接受的。

然而，福岛核事故却拖了世界核电发展进程的后腿，事故一出，全世界反核情绪暴涨。作为投资者，我们可以得到的教训就是：阻碍核电企业发展的原因可能并不来自其自身，而来自核电家族中表现最差的那一位。这也是我们对核电企业进行估值时需要考虑的关键点。

当然，请不要忘记把计算出来的自由现金流进行归母分配，毕竟少数股东每年也要分走45%左右的净利润。

最后，之所以我没有给出一个准确的估值数字，是想让各位投资人自己计算一下。

扫码阅读
原文评论

风险提示：本文仅供学习交流，未经授权禁止转载。资料内的言论和观点仅供参考，以上不构成个股投资建议，不构成对投资人的任何实质性建议或承诺，也不作为任何法律文件。投资有风险，入市需谨慎。

透视 Probe

上市公司分析是雪球社区优质内容的重要构成部分,球友撰写的"多姿多味"的各行业上市公司深度分析的文章也是雪球社区的特色之一。球友是如何分析茅台、贝壳、哔哩哔哩、中国平安这些备受投资人关注的上市公司的?

贝壳露珠

受限于整个房地产行业大环境,贝壳(BEKE)能否凭借"让居住更美好"的理念实现公司反转?

@ 陈达美股投资
发布于 2021 年 10 月 8 日

我们研究的所有商业案例里面,公司反转(turnaround)往往精彩过二人转。风水腾挪,东山再起。

比如苹果公司这个世纪大反转,从奄奄一息的过气 PC 商,做到了市值 2.5 万亿美元的超级"利维坦"。又比如势如破竹的奈飞(Netflix),曾经 DVD 租碟做到头秃,抓住机会转型做流媒体,出其不意挤进了 FAANG(Facebook, Apple, Amazon, Netflix, Google)这个全球顶尖科技股组合。

我研究了一些案例,感觉成功的公司反转,一般都有一个共同的特点——先降本增效、幸存下来,然后重新定义现金流的性质,并借势做大现金流。但这整个过程充满不确定性,如履薄冰。

当然,首先最重要的是要"活"下来,做好风控,控制好成本;然后看趋势,做正确的事情。

"王子"落难,在某个时候,由于未来极大的不确定性,它们的估值水平会非常低。这有点像质押在赵国邯郸的秦始皇爸爸嬴异人,随时可能小命不保。此时"王子"最多就是一个"老王"的身价。而这也是实践施洛斯、卡拉曼式价值投资理念的机会。正所谓,买于忧患,卖于红毯。

贝壳是不是这样的投资机会?见仁见智。但贝壳无疑此时处于落难之境,这倒与公司本身关系不大,是整个行业的一次大反省。行业的逻辑发生了质变——从交易为王,转变到了服务为本。

贝壳的传统估值逻辑

房子一直是国人的心结。有人说,我这辈子命薄,碰到过唯一的贵人,就是十五年前在小区门口苦口婆心地劝我买新楼盘的房产销售小姐姐,可惜我面对财神娘娘下凡,有眼无珠。我赶走了她,如同赶走了一只苍蝇。

这叫给你机会你不中用,而且还不止一次机会。你当年每天走过的那条路,标配有五六个销售,苦心孤诣地劝你买新楼盘。所以这样一算,一年给了你约 1500 次机会。引用某网友原话:"现在每平方米

13万元的北京国奥村，3万元的时候中介一直打电话让我爸去看房，我爸说这房子贴金皮了这么贵！现在来看，目前国奥村的价格，确实至少能给客厅贴一层金皮。"

房地产行业也豪横了多年。到2020年，我国城镇化率已超60%，家庭户均住宅为1.2套，人均居住面积超过40平方米。而这人均40平方米，围绕房产，就有存量上的大生意。毕竟关系到民生福祉的一个关键问题，并不是有没有房，而是住得好不好。

有没有房是1.0，而住得好不好的这个市场，业内称为居住市场4.0。

1.0是"安得广厦千万间，大庇天下寒士俱欢颜"，解决基本的生理与安全需求；2.0是满足"寒士们"的多样化活动及功能需求，在孔老夫子圣贤的熏陶下，至少书房与茅房要隔开；3.0是满足个性化需求，你要田园诗意，我要赛博朋克，我们都有好的归宿；4.0就是住得好——人与房、人与社区，自我实现、互相成全、房人合一。

房人合一的4.0，是个非常宏大的行业，因为它不只是房屋买卖，还有与房产的使用、处置、维护、保洁、居住体验相关的各种配套服务，比如租赁、物业管理、城市更新、家装、家政、保洁、搬家等。而根据《职业分类大典》，居住服务者从事的行业，覆盖2个职业大类、5个中类、40多个岗位，范围远超狭义的"房地产"。

贝壳要做的，是从上往下走，做居住服务，做美好的居住服务。

过去资本市场对贝壳的估值是两点一线：看平台交易总额（GTV）与市占率，这是房屋交易视角下的估值模型。在这样的估值模型下，贝壳与房地产公司一荣俱荣，是周期股。贝壳上市后受到资本市场的追捧，也主要是基于规模和依靠口碑拿下的市占率。过去贝壳的GTV保持高速增长，是高估值的基础；而如今贝壳股价低迷，我们或许应该意识到，这桩生意本质并不是房地产，而是服务住户。

股价为什么低迷

房产的属性，白墙红瓦，层次错落而丰富，且自古如此。第一层属性是自住——宿空房，秋夜长；第二层属性是社交——谈笑有鸿儒，往来无白丁；第三层属性是交易——昔欲居南村，非为卜其宅；第四层属性是投资，收收租金——赁宅得花饶，初开恐是妖；第五层属性是融资——应典卖，倚当物业，先问房亲（典卖也叫作活卖，等于

> 过去资本市场对贝壳的估值是两点一线：看平台交易总额（GTV）与市占率，这是房屋交易视角下的估值模型。

抵押贷款）。

而在现代，房产的金融属性持续高涨。某种意义上，我们谈论房子与谈论比特币、一夜暴富的梦，并没什么区别。在高杠杆与高周转的亢奋刺激下，房地产行业确实实现了快速增长，但也出现了一系列问题，比如某些地区房价太贵。

经验告诉我们，房地产行业总是存在周期性波动，因此贝壳的交易量不可能永远保持线性增长。

2021年密集的调控政策，反映出监管部门对房地产周期的强力调整，这也是贝壳近期股价低迷的主要原因。那么贝壳应何去何从？

从其他市场的历史经验来看，存量持续增长并稳定后，房屋中介也好，居住服务也罢，它们作用的发挥才正当时。前文讲到我国家庭户均住宅达1.2套，而在1968年的日本，房地产行业经过20年的发展，户均拥有住房才超过1套。而正是一年后的1969年，日本迄今为止最大的房屋服务公司三井不动产Realty成立，开始了半个多世纪的发展。

所以贝壳的发展方向清晰：保存量、稳服务。

房子贵不如住得好

房地产的五个属性里，政策管控的是其金融属性，是纯粹的交易与融资；而政策支持的是自住、社交及有序的流转。所以贝壳转型做居住服务，这是在发挥优势、顺应趋势。

我曾在雪球上发布一个悬赏帖——《大家怎么看贝壳？》。我认为帖子里最高票的回答讲得很客观，既总结了贝壳的优势，又同时提出了行业面临的风险：

"两个维度看：

"从内向维度看，贝壳的理念和管理能力有很大优势。有一种说法认为，中介是一个没有门槛的行业，其实管理就是门槛。很多事情大家都知道，但不是所有人都能做到。一个行业没门槛这么多年了，

> 贝壳现在logo上写的是"让居住更美好"。我觉得这不是一个单纯的营销概念，其背后是企业的战略转型。

除了链家以外也没看到第二家真正做起来。而且从贝壳来看，这套管理制度在技术、运营上也是有效的。大家可以体验一下贝壳的App和SaaS，绝对是行业内领先。

"从外向维度看，房地产行业本身到底还有没有上升空间？这也是大家现在最担心的。中国房地产行业非常特殊，强政策、强管控，全民关注。也正因如此，贝壳遇到的一些问题很容易被放大。

"这些风险都非常现实，所以贝壳开始强调居住的概念。不知道大家注意没有，贝壳现在logo上写的是'让居住更美好'。我觉得这不是一个单纯的营销概念，其背后是企业的战略转型。当然转型能否成功，居住的概念能否落地，短时间还无法验证。

"简单来说，贝壳是一家面临挑战的好企业，能否继续成功，需要市场给它一点时间。"

房地产销售目前总体是逆风局，而且存量交易也不会一直像前几年那么火爆。这也是为什么大型的房地产企业纷纷把物业公司剥离出来在香港上市，谋求一个好的股价——因为物业公司是细水长流的优质资产，被房地产总体个位数的PE拖累，就显得太亏。

而对于贝壳而言，看似在行业中处于垄断地位，但真正的竞争优势只有一个，就是把服务水平保持在高水准；而外部的威胁也只有一个，即竞争对手把服务水平追上来。"价格战"在低频、大额交易的房地产市场毫无意义，历史上曾经出现过爱屋吉屋等公司号称要"降维打击"房产经纪，采用的方式是低佣金率、高消费者补贴，但买房不是拼多多买菜，爱屋吉屋最终大败而归。

现在几乎所有房地产企业都知道从交易转向服务是历史必然。而此时贝壳从"找房大平台"升级为"让居住更美好"，正好与这些公司的历史必然狭路相逢，怎么拼？还是要拼服务、拼透明度、拼训练

有素。不过我觉得这一直是贝壳的强项，源于多年积累的管理能力与效率，还有口碑。

居住服务既是一个更广袤的市场，也是一个毛利更高的市场。目前新业务仅占贝壳收入的 3%，却占毛利的 8%。而新业务里，目前贝壳最接近规模复制的业务就是家装（被窝 App），这也是巨型互联网平台可直接参与到标准化改良的机会，因为数据量够大，且"即插即用"，这样可以起到事半功倍的效果。

家装这个行业有多大，格局如何？在此引用一段数据分析："家装行业整体市场空间大、集中度低。据中国建筑装饰协会的数据，2019 年住宅装修装饰全年完成工程总产值 2.16 万亿元。行业整体呈现较快发展态势。在产业界、互联网的改造和竞争之下，行业企业数量减少，但截至 2019 年底，行业仍有 12.2 万家企业，处于高度分散的竞争状态。"

当然，家装作为古老到不能再古老的传统行业之一，其实并不是那么容易渗透的。我们简单算一下就知道，被窝 App 即使只在京津冀及周边形成规模，也需要培养万人级别的产业工人队伍（通过诸如"美团骑手"这样的模式）；如果要做全国主流的家装平台，那么就要十万人以上。原来的经纪人肯定干不了家装这项业务。如何培育、管理这十万量级的人员，肯定是个考验。

家装只是举例，其他的居住服务，也大抵如此，机遇与挑战并存。

成为"服务美好居住的互联网科技企业"

贝壳下一步自我介绍的正确方式应该是"服务美好居住的互联网科技企业"，而不只是房产经纪公司。

但是这难道意味着房产经纪就没有生意做了吗？那也不是。买房不需要中介是一个很大的误区。你认为这是一个信息茧房，就想拆掉它，其实这是一颗信息炸弹。你又

买房不需要中介是一个很大的误区。你认为这是一个信息茧房，就想拆掉它，其实这是一颗信息炸弹。你又不是拆弹专家，不怕爆炸吗？

不是拆弹专家，不怕爆炸吗？房产经纪信息服务是其一，交易保障是其二。在一个低频行业，没有中介的保障，交易很难成立。贝壳和链家（线上和线下）的赔垫付安心保障金（为查封房、辐射房、物业欠费房等问题房产兜底）已经累计支付 29 亿元人民币。

到底哪些环节会让贝壳和链家支付 29 亿元的成本？他们将这些出处编成了顺口溜：真实房源假必赔、房屋带看保安心、不吃差价有必返、资金存管保安全、交易不成退佣金……签约柱跑补路费、换房解约补损失。

平心而论，贝壳做的工作比欧美的房产经纪多得多，但收费比欧美低得多。

没有中间人，你可能连二手车都不敢买，更不用说二手房了。

房产交易仍然是贝壳的基础业务。未来 5 年房产交易量不会断崖式下滑，2021—2025 年将保持在年均 1300 万套左右，且二手房和租赁比例会进一步提升，这些都是相对明确的趋势。

不过在交易之外，开辟居住服务作为第二增长曲线，是投资人最关心的事情。在悬赏帖《大家怎么看贝壳？》中有另外一个回答，我认为可以回答第二增长曲线的问题：

"贝壳的优势是什么？第一，它成功把本应是敌人的各大中介商发展成会员，大家居然愿意让渡一部分权益把蛋糕做大；第二，它没有竞争者，无论是从开放平台还是服务工业化的角度，都没有其他玩家能与之相比。"

扫码阅读
原文评论

风险提示：本文仅供学习交流，未经授权禁止转载。资料内的言论和观点仅供参考，以上不构成个股投资建议，不构成对投资人的任何实质性建议或承诺，也不作为任何法律文件。投资有风险，入市需谨慎。

透视 Probe

我对B站的理解：信仰、认知和常识

与其被记分牌上的股价带着走，不如更多地关注常识、历史和终局。

@Takun
发布于2021年8月14日

市场回调的群像戏，精彩程度堪比番剧。在此轮"中概股"回调中较为坚挺的哔哩哔哩（B站），近期的走势也开始出现回调。究竟是自己错了，还是世界错了？由不确定性世界秩序扰动下的每一个"中概股"，在时代的激流面前，究竟是一座山，还是一粒尘埃？

二次元的信仰：内容的初心

从2019年的"最美的夜"，再到2020年的国家级大佬以及2021年的世界级大佬垂青，B站一直走在"出圈"的路上。那么B站究竟是怎样从一个二次元"小破站"，变成一个世界级大佬关注和重视的网站呢？我想回答这个问题。

二次元IP的标签化和开放化，形成了二次创作的入口。在弹幕网站这种形态下，弹幕只是结果，核心是发弹幕的人和做内容的人。而B站最初的名字是mikufans，顾名思义，就是"初音未来的粉丝"。

"初音未来"，是Crypton社为了将MIDI合成软件vocaloid卖给更多男性用户，而打造的二次元虚拟歌姬。其开放的合成软件vocaloid，配合初音未来的IP触点，带动了ACG（动画、漫画、游戏的总称）文化圈内对歌曲的二次创作风潮。

> 在弹幕网站这种形态下，弹幕只是结果，核心是发弹幕的人和做内容的人。

因vocaloid编曲功能而进行二次创作的用户，一定不会只满足于耳朵的内容消费，于是一位叫樋口优的有爱人士，编写了一个叫作mikumikudance的免费软件，可以让二次创作的用户直接为初音未来编辑各种3D动画，从而输出视频MTV。

以上两个软件我都用过，使用难度比当前的剪辑软件不知道要高到哪里去了。其中部分vocaloid软件中的变调功能，还成了B站另外一个重要品类——"鬼畜"视频的生产基础设施。

所以B站的起点，本质上来源于一个高度开放并且能视频化的IP——"初音未来"的二次创作力。

"初音未来"这个IP，具有极强的跨次元兼容性。同一个IP中很有可能存在非常强的壁垒，比如《灌篮高手》的观众会被分成"樱木党"和"流川党"，从而在一个IP中产生无法"出圈"的内耗。而对于"初音未来"而言，因为其本身的载体是歌曲，而且是可以被二次创作和二次MV演绎的歌曲，所以对于二次元这个脸谱化、标签化的IP壁垒较强的平台模式而言，形成了初步的共识。

共识很重要。在B站12周年的演讲中，哔哩哔哩董事长兼CEO陈睿也专门提到共识的力量，"共识比效率更重要"。只有形成共识，才能打破各个兴趣圈层之间的壁垒，从而进一步提升平台的价值。

如果说真的有信仰，就是共识之下跨圈层的"B站不倒，陪我到老"的社区认同感。

认知的"跃迁"：本科用户的成长，平台话语权的回归

最初的UP主们，在对"初音未来"IP的认同感下，既完成了对优质、快乐内容生产模式的积累，也完成了二次元圈层的共识和统一。

然而，UP主们作为本科学历占比最高的一批用户，他们的成长也会逐渐"脱宅"，开始接触二次元

以外的兴趣圈层。这种触点的变化，就是"出圈"。在成长兴趣点发生变化的过程中，UP 主们也将自己的视频制作能力，在保持对内容的高质量审美的基础上，迁移到其他圈层，并且保留和原有圈层的连接。

比如《我在故宫修文物》这部纪录片在 B 站的爆火，开启了 B 站纪录片这个品类从零到一再到最大规模的旅程。在我看来，原因就是 B 站高出全网 10% 的本科率，带来了一批最优质的内容生产者和对应的优质内容产能。同样匹配这批高质量用户的纪录片 OGV（增值服务），也进一步提升了他们的黏性 LTV（生命周期总价值）。

当 B 站积累到亿级用户的时候，在三次元领域的"出圈"就是一件越来越简单的事情，原因很简单——随着用户群年龄的增长，自然"出圈"。B 站只要像发现《我在故宫修文物》一样，观测这些"后浪"用户成长过程中不断涌现出来的兴趣圈层，并形成分区即可。

所以 B 站的"出圈"过程，会随着用户规模的扩大变得越来越顺，这是常识，而非信仰。随着兴趣圈层的提升，国内各大企业品牌号的入驻和共识之下的各种舞蹈内容，就是水到渠成的事情。

此外，我们还要关注 B 站用户年龄的增长带来的乘数效应，如果用公式表达的话，大概是这样的：

B 站市值 = 预期单用户 LTV 价值 × 预期用户规模

= 预期单用户 LTV 收入 × 精神娱乐支出占比 ×（C 端消费率 +B 端消费率）× 用户规模

如今 B 站的用户平均年龄已经到了 22.8 岁，进入 22 岁本科毕业后的经济自由年龄，所以上述四个变量中的"单用户 LTV 收入"有望获得一次"跃迁"。

在"陪我到老"的过程中，随着用户消费力和网站算法效率的提升，以及用户可支配收入的"跃迁"，企业收入增加，这也是常识。

10%
本科学历占比高出全网

UP 主们作为本科学历占比最高的一批用户，他们的成长也会逐渐"脱宅"，开始接触二次元以外的兴趣圈层。

"讲好中国故事"也是当代内容平台的核心目标，汉文化和中国国力的崛起，不可逆转。

常识的终局：
以史为鉴、气定神闲

文化，是一个国家软实力的体现。带有汉文化形态的普适内容，是了解该文明的入门级触点。"讲好中国故事"，也是当代内容平台的核心目标，汉文化和中国国力的崛起，不可逆转。

日本内阁府直属的 IP 战略事业推进局提出的 Cool Japan 文化输出战略，以及 2016 年里约奥运会闭幕式上安倍版的马里奥，可以为鉴。

日本弹幕网站 Niconico（N 站）在油管、hulu、tiktok 的夹击下，能够存活并扩大规模，也可以为鉴。在日本人口负增长的大盘下，Niconico 的用户依然维持在单季度 100 万 ~200 万人数的逆势正增长，亦可以为鉴。N 站的用户比例中，63% 的用户都是 30 岁以上的中老年用户，更可以为鉴。

当然，N 站本身是角川多玩国 KADOKAWA 控股集团下的 Web 事业群，所以我们在借鉴 N 站的财报时，需要更多地站在公司资源分配的角度思考商业模式的差异，以及背后的结果。

本文算是对当下 B 站所面临环境的小小总结。市场的波动，就是世界线的乱流；终局的节点，是世界线的收束。与其被记分牌上的股价带着走，不如更多地关注常识、历史和终局。毕竟跌着跌着，好消息也能变成"坏消息"。历史每次都在这样的人性中反复。⊗

扫码阅读
原文评论

风险提示：本文仅供学习交流，未经授权禁止转载。资料内的言论和观点仅供参考，以上不构成个股投资建议，不构成对投资人的任何实质性建议或承诺，也不作为任何法律文件。投资有风险，入市需谨慎。

关于中国平安的四点基本判断

今年保险股"跌跌不休",中国平安股价从 2021 年初至今已跌了 40%,大家从一开始的"珍惜 70 元以下的平安"变成如今"珍惜 50 元以下的平安"。

@ 江南老夫子
发布于 2021 年 9 月 25 日

中国平安的业务确实比较复杂。我花费了几天的时间,研读中国平安的年报、季报、中报等,还收集了相关研究资料,各种数据相互交织,看得我头昏脑涨。最后,还是巴菲特的那句话让我豁然开朗——"模糊的正确,大于精确的错误"。我觉得,只要抓住四个关键点,基本就可以看清中国平安的未来了。

如何看待中国平安当下的业绩?

2021 年上半年,中国平安实现营业收入 6356.49 亿元,增长 0.9%;净利润 580.05 亿元,下降 15.5%;每股收益 3.29 元,下降 15.2%。数据看起来似乎并不好,其中主要有两个关键因素:

第一,投资华夏幸福计提的亏损。具体对中国平安税后净利润的影响为 208 亿元,对税后营运利润的影响为 61 亿元。扣除华夏幸福的影响,实际上 2021 年上半年归属于母公司股东的营运利润增长率高达 18.30%,净利润增长率达到 14.53%。

第二,寿险业务改革带来的短期阵痛。这个比较复杂,后文详述。但即便存在这个因素,仅仅扣除上述华夏幸福的影响,公司的业绩已

> 扣除华夏幸福的影响,实际上 2021 年上半年归属于母公司股东的营运利润增长率高达 18.30%,净利润增长率达到 14.53%。

经算得上不错了。中国平安的未来,还能差到哪里去呢?

如何看待寿险的改革?

关于寿险改革的各种解读可谓密密麻麻。我认为,看三点就够了。

第一,改革能否成功。这主要取决于改革的方向。近年来,整个保险行业呈现保费增长乏力的态势,主要原因就是寿险产品的同质化,以及原有以"代理人数量扩张"(拉人头)为标志的发展模式,已经无法有效地带来业绩增量。这种现象是整个行业的共性,中国人寿、新华保险也面临同样的问题。

不同的是,中国平安主动出击,率先开始了这场"壮士断腕式"的改革,其核心为"一个目的,两个针对"。一个目的,即由规模转为"规模+质量"。两个针对:一是有针对性地"改渠道",重点建设网格员、新银保和兼职队伍;二是有针对性地"改产品",推出差异化的产品,推动"寿险服务+业务",包括"+健康""+养老"等。由此可见,这次改革,与国家新发展阶段"高质量发展"的特征是相吻合的,也是以问题为导向的,相信改革最终一定能够取得成功。

第二,改革的影响。改革当然是为了长远利益,但短期的影响在所难免。从半年报中可以看出,由于保代脱落,寿险净利润下滑,但这种影响正在减弱。特别是要看到,改革的成效也逐渐显现,中国平安 2021 年上半年的人效大幅提升,人均 FYP(首年保费)同比增加 23.8%;试点营业部较对照组拜访量提高 1.5 倍,人均长险件数提高 1.4 倍。我认为,投资者应该有长远的眼光,当两者利益不能兼顾的时候,应该选择"短期利益服从长期利益"。

第三,改革何时结束。中国平安的改革,酝酿于 2018 年,始于 2019 年,整个进程大概持续三年,2021 年是改革的深水区,2022 年改革即将结束。综合参阅的各种资

料来看，中国平安改革的成效在2022年将逐步显现，2021年大概率是整个基本面的低点。可以说，当前基本可以看作中国平安最黑暗的时刻，也是黎明即将到来的时刻。

那么，问题来了：即便在最黑暗的时刻，中国平安都能实现当前的业绩，未来还值得担忧吗？

如何看待中国平安的成长性？

说实话，由于整个寿险改革的不确定性，投资者对中国平安未来成长性做出判断是比较困难的。但我认为，即便做出最坏的打算（假定整个改革的成效为零），保持10%以上的成长性也并非难事，理由至少有三。

第一，国家的经济增长速度。整个保险业务的增长速度，与国家的经济增长速度是基本匹配的。即便未来国家GDP保持5%的增长速度，整个保险行业的年化增量空间也有5%。

第二，保险行业的内生增长。数据显示，截至2019年，世界各国保险费占GDP的比重，全球平均为7.0%，荷兰为13.6%，而中国大陆仅有3.4%。也就是说，保险深度仅相当于全球平均数的一半。即便假定弥补这种差距需要50年的时间，每年也会有2%以上的增量空间。

第三，中国平安孵化的科技业务，比如陆金所、金融壹账通、平安好医生、汽车之家、平安医保等的净利率增速较快。2020年以及2021年上半年，整个科技板块的营运净利率增长速度达到了70%。这种增长速度，至少也会为中国平安每年贡献3%的净利润增量。

那么，问题又来了：以上是基于整个改革没有成效前提下的推演，如果改革成功了，中国平安还会仅仅保持10%以上的增长速度吗？

如何判断中国平安的投资价值？

大家知道，股价的增长主要来源于两个部分：一个是业绩的成长，

由于整个寿险改革的不确定性，投资者对中国平安未来成长性做出判断是比较困难的。但我认为，即便做出最坏的打算，保持10%以上的成长性也并非难事。

另一个是估值的提升。我们也按照这两个部分对中国平安进行拆解。

首先，看业绩。前文已经分析过，2021年大概率可以被视为中国平安最黑暗的时刻。结合上半年的业绩情况，相信2021年中国平安实现1300亿元以上的净利润应该不是难事。考虑到投资华夏幸福的影响，我认为，自2021年开始，可以将中国平安的净利润基数视为1500亿元，即每股收益8.20元。

其次，看估值。这个可以根据中国平安未来的成长性进行判断。如果成长性达到10%，我们可以给予10倍的估值；如果成长性达到15%，我们可以给予15倍的估值。经简单计算，即便对中国平安做最坏的打算，其合理价格也应该为82元，与目前价格相比，都有70%以上的增长空间。改革如果成功了呢？假定中国平安可以保持15%的业绩成长速度，三年后每股收益将有望超过12元，届时如果估值达到15倍，增长空间将接近3倍。

总之，就是一句话：目前市场对中国平安的估值已经过度悲观。不管改革成败与否，单纯从估值提升的角度，中国平安都有较大的增长空间。改革即将结束，中国平安大概率将进入良性的发展阶段。现在，中国平安已经处于难得的"击球区"。

扫码阅读
原文评论

风险提示：本文仅供学习交流，未经授权禁止转载。资料内的言论和观点仅供参考，以上不构成个股投资建议，不构成对投资人的任何实质性建议或承诺，也不作为任何法律文件。投资有风险，入市需谨慎。

透视 Probe

复盘日本酱油变迁史：酱油大牛股的成长路径

我们如何从日本酱油消费的演变中寻找我国消费股的成长路径？

@ 公子豹
发布于 2021 年 10 月 14 日

研究消费股的人，必然要先了解日本的消费演变史。

中日消费模式，底层要素有很大的相似性，文化上的共通性更是无须多言，饮食习惯也有颇多相似之处。

其中，与我国饮食习惯最为相似的，是日本的酱油。

酱油见顶之后

日本酱油消费量在 1973 年见顶，之后持续下行；中国自 2015 年起，酱油产量也持续下滑，二者走势高度相似。

日本的食品饮料消费，发展方向是清淡化、健康化、便捷化。比如，日本啤酒经历了啤酒、发泡酒、第三啤酒、无酒精啤酒 4 个阶段，饮料也经历了碳酸饮料、果味饮料、咖啡、茶饮料及矿泉水 4 个阶段。

同样，酱油等调味品，也呈现出少盐化、清淡化的趋势。

消费能力下降也是影响消费趋势的因素之一。据华创证券统计，20 世纪 90 年代日本房地产泡沫破裂后，家庭每月食品支出绝对额从 1992 年的 8.2 万日元，降至 2000 年的 7.4 万日元。经济波动导致部分可选消费减少，低价红酒、低价啤酒、半价汉堡、低价可乐和发泡酒皆有上榜。

虽然饮食文化仍在演变，但是方便化、健康化、西式化的趋势不改。

下降原因复盘

日本酱油使用量下降，是由一系列综合因素导致的，既有技术进步的原因，也有时代变迁的原因。复盘来看，主要有以下几方面的原因：

第一，冰箱、冷柜的出现，使得食物可以在低温条件下保存更长时间，长途运输也得以实现，酱油提鲜、掩盖异味的需求就被弱化了。

第二，近几十年来，日本的生活方式日益西式化，饮食也不例外。面包、汉堡、炸鸡等食品挤占了米饭、寿司的空间，而日本寿司往往是蘸酱油吃的，因此也受到影响。

第三，日本靠海，一直以鱼类消费为主。但据统计，近20年间日本人均肉类消费量增加了近2成，鱼贝类的消费量持续减少，因此"蘸酱油"的场景也在缩减。

第四，外出工作的女性数量增加也导致酱油使用量下降。2018年，日本女性就业率达到51.3%，时隔50年来首次超过50%。2019年6月，日本女性就业人数达到3003万人，自1953年有数据以来首次突破3000万人。双职工之家必然追求更便捷的烹饪方式，因此倾向于购买复合调味品，把菜品和调味品放一起煮，味道也是可接受的。

第五，日本老龄化严重，老年人追求健康，饮食日趋清淡，减少了对重口味调味品的使用。

酱油消费的3个阶段

国金证券曾对调味品海外龙头公司的发展历程进行复盘，发现海外龙头多呈现出凭借大单品起家、品类多元化拓展、整合产业链形成平台型企业的三大发展阶段。在这里，我们借此逻辑重点复盘日本酱油消费史的变迁。

早期：行业需求扩容升级，标准化造就大单品。

17世纪以来，日本人的烹饪中食盐等原始调味向酱油快速转化。1909年，龟甲万建立日本第一座全自动酱油酿造工厂，拉开了日本酱油工业化生产的帷幕。

1952年，龟甲万在日本调味品市场中市占率达到14%，其中85%来自酱油业务。公司凭借大单品，完成原始资本积累，同时以产品力拉动品牌力与渠道力。

中期：居民消费升级，对调味品的需求发生改变，复合调味品兴起。

1952年起，日本酱油行业增速放缓，加上受西式饮食的影响，番茄酱、番茄复合酱料、烧肉酱料、复合调味酱汁等产品快速崛起，其营收占比超过酱油业务的营收占比。

民众追求更便捷的烹饪方式，也倾向于购买复合调味品。

后期：多元化，公司对产业链进行整合。

在经历品类扩充与多业务发展后，调味品头部公司将收购兼并范围延伸至上下游，对产业链进行整合，同时整合了上游原材料与下游渠道，形成平台型企业。

比如，龟甲万在下游开设餐厅，在上游布局种植大米，实现与公司主营产品协同发展。

产品升级的2条路径

国金证券复盘发现，龟甲万产品的升级路径，分为健康化与功能化两大主线。

健康化升级主线是：

20世纪80年代初日本开始减盐运动。1980年龟甲万率先推出低盐酱油，此后又推出豆含量更高的丸大豆酱油、主打有机概念的特级有机酱油。

公司酱油业务中健康酱油的占比，也从1998年的34.6%，快速上升至2002年的48.4%。

2010年，鲜榨系列酱油推出，其营收在2011—2015年复合年均增长率高达68%，公司在日本市场的营收占比提升至18%，为公司核心酱油业务提供了新的支撑。

功能化升级主线是：

第一，推出适用于西式烹饪方式的调味品；

第二，加码复合调味汁，迎合烹饪便捷化的趋势。

据统计，相对于普通酱油，功能性酱油因为加入了价格较高的辅料，或者对工艺进行了改进，价格可以高出普通酱油50%~200%。

由于迎合了日本饮食习惯的变化，功能性酱油价格虽高，但仍受到消费者的青睐。

数据显示，1987—2007年，日本家庭每年的酱油支出从3200

> 在经历品类扩充与多业务发展后，调味品头部公司将收购兼并范围延伸至上下游，对产业链进行整合，同时整合了上游原材料与下游渠道，形成平台型企业。

日元下降至2200日元，在调味品支出中的占比从10%下降至6%；而汤类和酱类中功能性酱油的支出，从2300日元上升至3800日元，在调味品中的占比从7%上升至11%。

可见，龟甲万通过升级，将酱油高端化、高附加值化，卖出了比一般酱油更高的价格。

据华创证券统计，2006—2018年，龟甲万酱油衍生品销售额占比从32.1%提升至42.5%，增长了10.4个百分点。

增量来自国际化

为了应对日本国内酱油市场萎缩的状况，龟甲万实施国际化战略，其海外业务占比从1997年的28%，提升至2018年的59%。

据华创证券统计，剔除2000—2010年子公司并表的影响，龟甲万营收在20世纪90年代至今的绝大多数时候表现稳健。其在2006—2008年及2014—2016年的收入快速增长，主要得益于海外业务的快速增长。

国际化及产品高端化，提高了龟甲万的盈利能力。

2011年以前，龟甲万净利率大多维持在2.5%~3.5%，主因是海外业务扩张及国内竞争激烈，导致费用高企。2011年以后，高端化路线收到成效。2012年以后，利润率较高的海外业务快速发展，亦提高了公司的盈利能力。二者叠加，2011—2018年，龟甲万的净利率从2.7%提升至5.5%。

此外，龟甲万的多元化发展也较为成功，如豆奶在日本国内销量占比已达到54%，进一步增加了公司利润。

复盘龟甲万可知，在酱油制品内需趋稳的情况下，龟甲万通过"业务多元化+海外扩张"驱动业绩增长。

目前公司已涉足微生物医药、酒业、番茄及豆乳制品等领域，海外业务占比约60%。龟甲万估值区间从早年的15~25倍市盈率，一路

> 国际化及产品高端化，提高了龟甲万的盈利能力。

> 中国酱油前两次的提价，分别在2014年和2016年。当时提价具备较充分的客观条件：渠道库存低、终端需求好。但本次提价的背景有所不同：渠道库存高位与终端需求疲弱，增加了提价的难度。

提升至30~50倍。

从资金面来看，外资对龟甲万的持股比例持续上升，针对龙头的确定性，给予更高的溢价。

中国酱油的出路

当前中国的调味品需求，也在转向复合调味品。原始调味品（如味精）产量长期处于下行通道，基础调味品（如酱油）产量也自2015年起收缩。

我们或许可以认为，中国调味品正在复制日本的演变路径，未来也将走复合化、健康化之路。

但当前的竞争格局并不太好。近几年资本大量涌入调味品行业，赛道竞争显著加剧。同时，新冠肺炎疫情使行业尾部出清，叠加大量跨赛道的竞品入局，形成了头部挤压式竞争。

在这种情况下，头部企业均加大品牌及渠道建设的投入力度以抢占市场份额，但竞品增加提高了获客成本，使得销售费用率进一步上行，利润端承压。

此外，由于居民消费能力不足，商家不敢轻易提价，而上游原材料又在涨价。

中国酱油前两次的提价，分别在2014年和2016年。当时提价具备较充分的客观条件：渠道库存低、终端需求好。但本次提价的背景有所不同：渠道库存高位与终端需求疲弱，增加了提价的难度。

因此，实现产品的多元化、高端化、国际化，摆脱同质化恶性竞争，才是中国酱油的出路。

扫码阅读
原文评论

风险提示：本文仅供学习交流，未经授权禁止转载。资料内的言论和观点仅供参考，以上不构成个股投资建议，不构成对投资人的任何实质性建议或承诺，也不作为任何法律文件。投资有风险，入市需谨慎。

透视 Probe

贵州茅台值多少钱？

如果贵州茅台遭遇极端情况，需要以处置资产的方式被卖掉，它值多少钱呢？这便是它内在价值的下限。

@闫子衿
发布于 2021 年 10 月 14 日

有些投资者将贵州茅台（下文称"茅台"）称为A股市场的bug（漏洞），有些投资者评价它泡沫巨大，也有很多投资者从中获利不少。目前茅台的市值约2.3万亿元，其投资价值到底如何？

当下的清算价值

茅台的持续经营能力是不用怀疑的。在此计算其清算价值，只是想以格雷厄姆的逻辑，算一算极端情况下如果以处置资产的方式卖掉茅台，整个公司能够收回多少钱。这代表了公司内在价值的下限。

在计算清算价值时，我们不考虑其他资产，只算三样最值钱的，其他的资产与负债相互抵销。公司负债并不多，足够抵销。这三样最值钱的资产是现金类、库存老酒和品牌。

1. 现金类资产

2021年半年报显示，茅台有现金（货币资金）542亿元、拆出资金948亿元、银行承兑汇票（应收票据）12.3亿元、发放集团单位的贷款（发放贷款和垫款）24.6亿元、吸收集团单位的存款（吸收存款及同业存放）236亿元。也就是说，茅台拥有的净现金资产合计约1290亿元。这可以被看作锁在保险柜里的现金，是实打实的，不需要折价。

2. 库存老酒

2020年年报披露的库存基酒和成品酒一共24.92万吨，其中含几千吨的系列酒基酒，茅台酒大约24.5万吨。2021年的基酒已经生产完毕，大约5.3万吨，全年最多可售大约3.5万吨，而当下这3.5万吨还没卖完，所以现在库存茅台基酒有27万吨左右。

这27万吨茅台酒当下值多少钱？其中有近三年产的还没出厂的正在陈放老熟的基酒14.98万吨，按15万吨算。其他12万吨，可以理解为品质更好、更值钱的老酒。现在处置这些茅台酒，既不按市场价，也不按出厂价，我们就按现在商超渠道每天12点开抢、怎么抢也抢不到的每瓶1499元来算这批库存茅台酒的价值。27万吨，1吨大约2100瓶，一瓶1499元，合计约8500亿元。

3. 品牌

茅台的品牌值不值钱？肯定很值钱。可口可乐曾表示，就算厂房一夜之间全烧了，凭借它的品牌，第二天不用花钱就能把所有工厂全部建好，说的就是品牌的价值。虽然茅台品牌的价值一点也不差，但是这是无形资产，很虚，不好计算。

根据英国品牌金融咨询公司（Brand Finance）发布的2021年全球烈酒品牌排行榜，茅台2021年品牌价值为453.33亿美元，位居全球品牌第27位，稳居全球烈酒品牌第一。折合成人民币，茅台的品牌大约值2900亿元。

英国品牌金融咨询公司在其品牌价值排行榜中使用"特许费率法"计算品牌价值。这种方法包含估计由品牌所带来的预期未来销售收入以及计算特许费率。该费率以品牌使用来收费，即假设品牌在并未被使用者所拥有的情况下，品牌使用者所需支付的款项。

品牌价值毕竟有点虚，因此我将这个权威机构的评估价打一个7折，那还值2030亿元。

仅上述这三项资产合计就是

11820亿元。其他的资产和负债抵销，也就是说，当下对茅台进行强行清算卖资产，至少也值1.2万亿元。这1.2万亿元就可以被看作茅台内在价值的下限，因为持续经营、盈利良好的企业的内在价值一定比清算变卖资产的企业的内在价值多得多。

茅台利润及现金流预测

茅台的收入由两部分组成，即酒类的销售收入和财务公司管理现金的利息收入。简化起见，利息收入就当作无成本无费用收入，成本费用均由酒类销售承担。利息收入就以30亿元估算。

成本费用端，按占比多少排列是税金及附加、营业成本、管理费用、销售费用（见表1）。

表1 贵州茅台历年成本费用及占比

项目	2021-06-30	2020-12-31	2019-12-31	2018-12-31	2017-12-31	2016-12-31	2015-12-31	2014-12-31	2013-12-31	2012-12-31	2011-12-31	2010-12-31
营业收入（亿元）	490.87	949.15	854.30	736.39	582.18	388.62	326.60	315.74	309.22	264.55	184.02	116.33
营业成本（亿元）	42.32	81.54	74.30	65.23	59.40	34.10	25.38	23.39	21.94	20.44	15.51	10.53
税金及附加（亿元）	69.55	138.87	127.33	112.89	84.04	65.09	34.49	27.89	27.91	25.73	24.77	15.77
销售费用（亿元）	12.91	25.48	32.79	25.72	29.86	16.81	14.85	16.75	18.58	12.25	7.20	6.77
管理费用（亿元）	34.87	67.90	61.68	53.26	47.21	41.87	38.13	33.78	28.35	22.04	16.74	13.46
营业成本/营业收入（%）	8.62	8.59	8.70	8.86	10.20	8.77	7.77	7.41	7.10	7.73	8.43	9.05
税金及附加/营业收入（%）	14.17	14.63	14.90	15.33	14.44	16.75	10.56	8.83	9.03	9.73	13.46	13.56
销售费用/营业收入（%）	2.63	2.68	3.84	3.49	5.13	4.33	4.55	5.30	6.01	4.63	3.91	5.82
管理费用/营业收入（%）	7.10	7.15	7.22	7.23	8.11	10.77	11.67	10.70	9.17	8.33	9.10	11.57

资料来源：贵州茅台历年财报。

税金及附加包含的内容有：消费税、城建税、教育费附加、房产税、土地使用税、车船使用税、印花税、地方教育费附加、环境保护税等。

增值税是流转税，所谓流转，就是货物易主，只要发生交易就得交税，而不论交易了多少次，但是交税的同时允许抵扣进货，实际上是针对增值的部分交税。白酒的增值税税率是13%。会计核算时，增值税不作为费用核算，而是单独拿出来，直接作为负债放到应交税费中。

消费税也是流转税，但与增值税不同，消费税只征收由生产转到流通这一个环节，以后的流通不再征收。其主要是针对烟酒、化妆品、珠宝首饰等暴利行业多征的税种。消费税比较复杂，计征方式分为从价计征、从量计征、混合计征。白酒的消费税就是采用混合计征的方式，从价的部分税率为20%，从量的部分是1元/升。

《中华人民共和国消费税法》一出台，企业便纷纷想办法"避税"。既然只征收从生产转到流通一个环节的税额，酒企就成立一个销售公司，生产出来的酒以非常便宜的价格卖给销售公司，交的消费税就很少，再由销售公司实现真正的销售，后边的流通环节就不征收消费税了。税务总局为了堵住漏洞，加了条规定，酒企的计税价格以销售公司对外销售的价格为准。这样计税价格一下子变成了庞然大物，于是税务总局表示，可以根据实际销售金额给一个最小核定比例作为计税价格。茅台的是60%，所以茅台的消费税从价部分要乘以12%。很多人认为税率是12%，这是错的，只是核定比例是60%，税率还是20%。从量部分两瓶茅台才1块钱，可以忽略不计了。

城建税、教育费附加、地方教育费附加都具有从属税的性质，税额分别是增值税和消费税总额的7%、3%和2%。

所以，消费税、城建税、教育费附加、地方教育费附加为营业收入的(13%+12%)×(7%+3%+2%)+12%=15%。再加上其他小税种，税金及附加应该为营业收入的15%~16%。纳税时间是商品从生产车间交付销售公司时，所以纳税义务和销售收入可能存在时差，税金及附加就会围绕15%波动。税法具体规定经常变化，税率也经常变化，所以税金及附加/营业收入前些年并不符合这个规律。近几年15%上下是符合的。我取理论值15.2%。

营业成本/营业收入总体趋势是下降的，这反映了提价的幅度是大于粮食和人工成本增长的幅度的。近几年反弹，是因为茅台酒没提价，但粮食和人工成本一直在涨。等到茅台酒提价，成本率将下降到7%上下。

近几年管理费用占比呈持续下降态势。我们保守些，取近5年平均值8%。

近几年销售费用占比也呈持续下降态势，这同茅台的江湖地位不断提高密切相关。考虑到广告是间歇性投放，将近几年平均比较合理，我取3.8%。

因此，成本费用占比就是15.2%+7%+8%+3.8%=34%，提价前就是36%。

所得税费用占比就是(1-34%)×25%=16.5%，提价前是16%。

净利率是1-34%-16.5%=49.5%或1-36%-16%=48%（提价前）。

还有少数股东损益的扣除。主要的少数股东权益是茅台酒销售公司的5%、财务公司的49%和赖茅的51%，大约为净利润的6%，那么归母净利润为净利润的94%。

现金流与利润的关系：茅台的商业模式为先款后货，现金流极好，由于存在几个月的预收，整体上的经营现金流应该高于净利润。我统计了多年的经营现金流和净利润，

> 茅台的商业模式为先款后货，现金流极好，由于存在几个月预收，整体上的经营现金流应该高于净利润。

2001—2020年这20年间，经营现金流为2862亿元，净利润为2720亿元；2011—2020年这10年间，经营现金流为2626亿元，净利润为2502亿元。经营现金流和净利润高度一致，因为必然存在少量的维持性资本支出，所以我们可以把净利润近似当作自由现金流，误差很小。

最后，就剩下最核心的营收的预测了。我们采用保守的假设，即茅台酒的设计产能5.6万吨、实际产能7万吨、系列酒产能5.6万吨就是茅台的天花板。因此，我预计2022—2025年茅台酒的销量为4.2万吨左右，2026—2029年茅台酒销量7万吨。不再考虑30多万吨的老酒库存维持增长的情形，而将其作为安全边际看待，同时潜在的产能扩张也作为安全边际看待。

至于茅台酒的出厂价什么时候提，我们没法估计，但理性预计这8年会有两次提价，幅度不好说，但与GDP增长持平是必定能达到的。考虑到GDP增速已经4年没有反映在茅台酒的出厂价上了，未来的8年很有可能会补回来。

出厂价问题，我就以GDP的连续增长模式替代茅台酒的两次提价，增长率6%。选6%是因为虽然未来8年GDP的增长率能否维持在6%的不确定性很大，但中和过去4年GDP实现的增长，以及茅台酒未提价的情况，我认为这样估计也是偏保守和谨慎的。2021年的基期，茅台的经营目标是营收增长10.5%，即酒类收入1047亿元，分解开，茅台酒增长11%，为848×1.11=941亿元；系列酒增长6%，为106亿元，一共正好是1047亿元。2021年茅台的经营情况几乎是明牌，出入不会有多少。

基期确定好，预测期8年，我们将茅台酒经营分为两段，前4年和后4年。前4年的逻辑是，销量4.2万吨不变，增加的7000吨直销变相提价7%；后4年销量7万吨，公司达到产能天花板，产多少销多少，无须再多储存老

酒。系列酒的3万吨产能2022年落地，储存两年，2025年实现销售。所以，系列酒也分两段，前3年销量2.5万吨，后5年销量5.6万吨。我们将利息收入做简化处理，每年30亿元，贡献净利润22.5亿元。

自由现金流量折现后的内在价值

自由现金流量折现是估算内在价值的最标准的方法，但是运用的假设众多，一个重要参数的变化就可能使结果天差地别，所谓"差之毫厘，谬以千里"。现金流折现的用处是考察影响内在价值的因素的变动，给出定性判断。一旦定量，难免出现精确的错误。所以，所有假设和参数选择我均确保保守，力求得出明显低估的结论，不求靠近茅台真实的内在价值。

重要的假设如下，我将对做出如下假设的理由给予简单解释。

一是选用两段模型，预测期8年，2022—2029年，2030年之后为永续期。

二是预测期的折现率选6%。折现率包括两部分，时间价值和风险溢价。时间价值就是无风险利率，可以用长期国债收益率表示，10月13日，10年的为2.96%，30年的为3.5%。而风险溢价的确定要看公司的确定性。我综合权衡，折现率选6%是合适的。一则茅台的确定性很强，二则我用了很保守的假设，还有个原因就是如果在茅台身上都不敢用6%的折现率，那么我不知道6%还有没有用武之地。

三是永续期的折现率选8%，增长率选3%。折现率增加到8%，是因为离现在越来越远，未来的确定性减弱。选3%的永续增长，是考虑到茅台长期和GDP基本一致的提价因素。而3%的GDP增速，是因为我直接把茅台的永续期看成了中国成为发达国家后的低速增长期。

表2 自由现金流量折现后的贵州茅台内在价值

项目	2021年（基期）	2022年（第1年）	2023年（第2年）	2024年（第3年）	2025年（第4年）	2026年（第5年）	2027年（第6年）	2028年（第7年）	2029年（第8年）	2030年之后永续（增长率3%）	内在价值
茅台酒销量（万吨）	3.5	4.2	4.2	4.2	4.2	7	7	7	7	7	
系列酒销量（万吨）	2.5	2.5	2.5	2.5	5.6	5.6	5.6	5.6	5.6	5.6	
茅台酒营收（亿元）	941	1281	1358	1439	1525	2694	2856	3027	3208		
系列酒营收（亿元）	106	112.4	119	126	299	317	336	356	378		
利息收入（亿元）	30	30	30	30	30	30	30	30	30		
净利润（亿元）	525.06	691.33	731.46	773.70	898.02	1467.78	1554.66	1646.34	1743.78		
扣非净利润（亿元）	493.56	649.85	687.57	727.28	844.14	1379.71	1461.38	1547.56	1639.15		
自由现金流（亿元）	493.56	649.85	687.57	727.28	844.14	1379.71	1461.38	1547.56	1639.15		
折现系数	1	0.9434	0.89	0.8396	0.7921	0.7473	0.705	0.6651	0.6274		
自由现金流折现（亿元）	493.56	613.07	611.94	610.62	668.64	1031.06	1030.27	1029.28	1028.40	12904.36	19527.6543

资料来源：贵州茅台历年财报。

按照我的认知，我使用了非常保守的估算模型，得出茅台如今的内在价值是1.95万亿元（见表2）。这是因为我基于非常保守的假设条件，具体体现在：完全忽略了茅台库存30多万吨老酒的价值；将设计产能5.6万吨、实际产能7万吨作为茅台的天花板，死死限制住了产能的扩张；预测期只有8年，之后就强行把茅台拉入低速增长期，增长率只有3%。

所以，我敢说茅台今天的真实

> 优秀公司的内在价值是随时间而不断增长的。

价值一定比1.95万亿元大很多。而且，优秀公司的内在价值是随时间而不断增长的。

扫码阅读
原文评论

风险提示：本文仅供学习交流，未经授权禁止转载。资料内的言论和观点仅供参考，以上不构成个股投资建议，不构成对投资人的任何实质性建议或承诺，也不作为任何法律文件。投资有风险，入市需谨慎。

透视 Probe

一个经销商眼中格力电器真正的痛与难

从格力的建厂员工到格力的经销商,具有这样特殊身份的投资者会如何看待格力电器?

@ 我是菜鸟徒弟
发布于 2021 年 11 月 2 日

格力电器(以下简称"格力")2021 年三季报公布之后,其股价不出意外地大幅下跌并维持低迷走势。截至本文发布时,格力股价依旧未能突破 37 元。

身为格力的建厂员工,同时也是吃着格力这碗饭的经销商,我对这家公司当然有着特殊的感情。当看到格力在资本市场的表现时,我也替它着急上火;但在我静下心来分析它的情况之后,我觉得有必要把格力的客观痛点与难点,以及我对于当下投资界对格力未来预期的主流观点的看法一并分享给和我一样持有格力的投资人。但毕竟我对格力存在主观情感因素,且是利益相关方,因此本文不构成对投资人的任何建议。至于格力这家公司适不适合投资,还请各位自己判断。

主流观点一:中国整体的空调业务已经进入"天花板"时代,未来业绩增长不可持续。

其实,有这种观点是很正常的。得益于中国日益强大的传统制造业,当前中国的家电相对来讲已经非常便宜了,大部分家用电器的价格也就是以千元为单位。其中较为便宜的空调,平均价格在 1000 元左右,大部分中国家庭都消费得起。

至于空调行业是否已经进入"天花板"时代,我认为目前还没有。以我们的邻居日本和韩国为例,根据统计,韩国每百户平均空调保有量为 289 台,日本则为 320 台以上。而在我国,每百户平均空调保有量仅为 150 台左右,增长空间还是有的。更何况就地理纬度来看,我国幅员辽阔,比日本、韩国更接近赤道,平均温差更大,对空调的需求也更大。而我国农村的空调保有量远低于城镇,未来我国对空调的内生需求存量还很大,因此现阶段说"格力主营业务到顶"还为时尚早。可以预见的是,至少在未来的 5~10 年,我国整体的空调业务还未进入"天花板"时代。作为经销商,我清楚地知道,每年一到旺季空调就会脱销,这可以支持我这一言论。

主流观点二：格力的业务与房地产密切相关，房地产现如今已是风光不再，格力未来预期不容乐观。

作为与房地产联系紧密的行业，家用电器在业绩上确实与房地产行业存在一定的正相关关系。但是这个逻辑并不是绝对的，而是相对的。电器作为消费品，消费者除了买新的以外，还存在升级换代的需求。更何况电器是有使用周期的，不信的话，请各位投资者想想自家现在正在用的空调是多少年前买的。如果您的空调使用年限超过了20年，也就是在2001年之前买的，那么恭喜您，这说明您是一位非常节俭且爱惜物品的人。真正像您一样的使用者并不是主流，大约也就不到十分之一，您可以找我领取200元全国格力空调无门槛代金券。

任何一个行业都会有成熟期，但行业到了成熟期并不代表其不会

> 作为与房地产联系紧密的行业，家用电器在业绩上确实与房地产行业存在一定的正相关关系。但是这个逻辑并不是绝对的，而是相对的。电器作为消费品，消费者除了买新的以外，还存在升级换代的需求。

继续发展。就像我们的邻居日本，当年其空调行业"称霸"全球，早在2000年左右，日本空调行业就已经进入"饱和"时代。但空调行业存在升级换代的消费需求，日本人民期望改善生活的心理没有变，因此日本空调行业的营收额没有出现断崖式的下跌，反而还在持续缓慢增长。其实房地产也一样，最优秀的公司总能活下去，并不断完善自身的商业模式。就像20世纪90年代的经济危机导致日本房地产崩盘，大家都觉得日本房地产企业一定要倒闭了。可是时间最后证明了，顶尖的头部公司大和房建活下来了，而且改变了自己的商业模式，被万科董事长郁亮称赞为"是个很好的模板"。

主流观点三：格力小家电难有作为，公司多元化不成功，未来前景不明朗。

坦白来讲，就小家电而言，

格力相比美的，差距确实比较明显。这主要还是因为，在小家电领域格力相比美的起步晚，而且包袱重。我在以前的文章和直播中讲过格力小家电的由来。前段时间传得沸沸扬扬的格力美国赔款事件，被很多媒体拿出来炒作，实际上那批出问题的货物是格力小家电公司在2005—2012年生产出来的，而格力电器正好是在2004年9月底对格力小家电公司进行了收购，完全控股和正式开始生产的时间则更晚。因此很长一段时间里，格力小家电的生产管理还是由过去那帮"扶不上墙"的人来搞，质量确实一般。

格力在背着这个包袱的不利局面下，一路筚路蓝缕地追赶，到现在也基本做到了拥有全品类的家电生产线。但毕竟很多消费者心中仍然认为格力只生产空调，因此其小家电的销量不佳，难以进行规模化生产。这导致其边际成本居高不下，且产品整体售价偏高。指望格力在此种历史条件下可以短期追平美的是不太现实的。当然，在我们线下经销商的努力下，格力的小家电虽然还有很长的一条路要走，但总归还是在不断提升市场占有率的。

说了这些，可能就会有朋友要追问："你说了这么多，难道格力股价持续这么长时间的下跌，就真的只是因为资本在短时期内对其不看好吗？"我的答案当然是否定的。虽然我是坚定的格力持有者和忠实的格力人，但实事求是，我认为导致格力股价在低位徘徊、格力真正的痛点和难点主要集中在以下几个方面：

第一，格力最核心的痛点是股权不够集中。众所周知，格力电器由格力集团投资而来，最早是一个标准的国企，后面经历了一系列博弈和股份制改革，如今格力集团仅占其3%的股份。高瓴资本虽然入股15%成了格力大股东，但距离实际控股还相差很远。股权的过度分散除了会引来宝能集团这样的"野蛮人"上门以外，还容易让投资人对公司管理层的战略规划能否一直执行下去感到担忧。这一点从大家总热衷于讨论"董明珠女士的接班人是谁"就可以看出来。在2022年1月的董事会上，如果不出意外，我认为董明珠会连任。

第二，至于格力的难点，我认为并不是多元化的问题，而是销售系统跨区域管理的问题。格力的"全员销售"模式是在1997年就定下来的。很多人诟病格力的线上销售渠道发展慢，但实际上并不是这样的。在我们经销商群体中，不乏20世纪90年代就敢下海经商的人，冒险精神和接受新事物的能力绝对不弱。就算这些人年纪大了，不会操作线上电商平台，请两个年轻人来运营难道很难吗？

格力之所以更看重线下经销商，主要在于线上业务的货物流动起来很难监管。举个例子来说，一台格力出品的"天丽"空调，成本大概在2650元左右，在旺季线下要卖2900元。但是你会发现，在某些电商平台上花2400元甚至2000元就能买到。在这些平台销售的货物可能会是瑕疵退货机、解码机。按理说这两种机器是要召回的，部分利欲熏心的不法商人却铤而走险。当然，也有守法经营的线上销售商。

此外，格力在营销和外观设计方面确实不如某些只有营销而无质量的花架子品牌，而这些品牌更受年轻人欢迎，这也着实令人无奈。中国制造业之难，有时也在于消费者会"用脚投票"，消费者往往比投资者更重要。

> 格力最核心的痛点是股权不够集中。众所周知，格力电器由格力集团投资而来，最早是个标准的国企，后面经历了一系列博弈和股份制改革，如今格力集团仅占其3%的股份。

扫码阅读
原文评论

风险提示：本文仅供学习交流，未经授权禁止转载。资料内的言论和观点仅供参考，以上不构成个股投资建议，不构成对投资人的任何实质性建议或承诺，也不作为任何法律文件。投资有风险，入市需谨慎。

透视 Probe

预期差下的中远海控，到底何去何从？

对于中远海控，有人认为它只是周期股，而又有人认为它是价值投资的标的。

@ 赛艇队长
发布于 2021 年 10 月 9 日

10月8日，中远海控（下文简称"海控"）大跌，最低点跌幅接近8%，收盘后公司发布了三季度业绩预告。

公司预计第三季度归属上市公司股东净利润为304.9亿元；前三季度合计净利润675.88亿元，同比增长1650.92%。

这样一个全年净利润可能破千亿元的公司，却在一周的时间内狂跌了20%，究其原因还是预期差太大。

利润上的预期差

目前市场上有两种预期：一种是一些资深海运从业人员和资深投资者，比如雪球的球友"bigpendan"，认为海控的业绩在未来几年会逐年递增。这是因为长协价格至少是翻倍的，即使即期运价回落，因长协价格而增加的利润也足以让海控2022年的利润超过2021年。

另一种是以各大券商、私募为首的机构，认为海控的业绩在未来几年会逐年递减，因为运价不可持续，长协价格的执行力堪忧。

两者的核心分歧在于长协价格到底能不能执行。

对于这个问题，我们可以看一下油运市场。2020年油运价格曾一度飙升到30万美元，随后迅速跌落到了负值。

而招商轮船在这期间以4万~6万美元的价格签订了很多一年期的长协。目前一年时间已过，长协价格执行情况非常好，并未听说有违约的情况。

而这些长协也保障了招商轮船在负运价时代不亏损，甚至是盈利的。

在油运市场中，船东处于弱势地位，石油大亨才是市场的主宰。为何在负运价时代还能执行6万美元的超高长协价格呢？

我特意请教了轮船行业的高管朋友，得到的答案是：可能石油大亨丢不起这个人，他们可是从来没有欠过债的。

那么再看集运市场，虽然情况不同，但是大致的道理没有太大的差别。

能大规模签下长协的都是大型企业，如沃尔玛、美的、TCL、三星等。它们会不会丢得起这个人，或者说会不会宁可丧失商业信誉也要违约呢？我认为是不会的。

但是签下长协的，可能还会有一些中小型企业，但应该占比很小。那它们会不会不遵守协议呢？我想是有可能的。

所以在集运市场，我认为即使即期运价跌破长协价格，大部分企业也是会履约的，也许个别企业会选择违约。

解决完这个问题，我们再看下一个问题。

假设在极端情况下，欧美的需求突然"雪崩"了，港口也不拥堵了，即期运价直线下降，除长协外，海运业务全部进入微利状态，那么海控值不值现在的价格呢？（这里的假设已经很极端了，海运是不可能亏损的，因为船东可以

通过调节运价控制价格底线，这在新冠肺炎疫情中已经被验证了，无须再争论。)

如果出现这种情况，海控的利润就会如某券商交运首席所说的，一年不如一年，今年 600 多亿元，明年 200 多亿元。

我们先计算一下海控的真实市值，即用总股本数乘以每股价格。

A 股：126.6 亿股 ×16.8 元 ≈ 2127 亿元

H 股：33.5 亿股 ×11.44 港元 ≈ 383 亿港元 ≈ 317 亿元

总市值：2127+317=2444 亿元

计算的结果并非投资者通常使用的炒股软件里显示的 2690 亿元。

我们以最坏的情况计算一下海控的利润。

2021 年：应该为 1000 亿元。现在已经到了 10 月，这几乎是板上钉钉的业绩了。

2022 年：假设中国出口集装箱运价指数（CCFI）跌 50%，到 1600 点。由于存在长协，我们预估海控的利润为 500 亿元。

2023 年：由于即期运价下跌，长协重新开展谈判，我们预估海控的利润为 300 亿元。

此后海控维持 200 亿元的水平，为年均利润。

根据上述推论，2021—2023 年这 3 年总利润估计值为 1800 亿元。

根据海控 3 年的股东回报计划，公司近三年以现金方式累计分配利润不低于最近三年可分配利润的 30%。现金分红比例是：

公司处于成长期且有重大资本开支时，现金分红比例最低 20%；

公司处于成熟期且有重大资本开支时，现金分红比例最低 40%；

公司处于成熟期且无重大资本开支时，现金分红比例最低 80%。

现在公司的现金流如此充沛，综合和上市公司高管交流的情况，并类比同行业其他公司来看，50%的利润分红是可以期待的。

以此推论计算，3 年分红就是 900 亿元，那么，3 年后海控的市值将变为 2444 -900=1544 亿元。

按照年均利润 200 亿元来算，市盈率（PE）为 7.5 倍多一点，其实也不是不能接受。之前很多钢铁股、煤炭股就是这个估值。中国建筑的 PE 也就是 4 倍多。

按照球友"bigpendan"对海控的利润预期，我们再来计算一下。

"bigpendan" 对海控的利润预期如下。

2021 年：1000 亿元

2022 年：1388 亿元

2023 年：1457 亿元

2024 年：1530 亿元

4 年利润总计 5375 亿元。

分红率按照 50% 来算，即分红总计 2687.5 亿元，4 年后海控的市值是 2444-2687.5= -243.5 亿元。

对不起！我算不下去了。它已经是负市值的公司。

如果我们预估未来 3 年运价逐渐回归正常，但是依旧维持在一个货主和船东都比较舒服的价格，比如回落 30% 左右，那么后续的长协价格必然也会降低。

我们折中处理不同的预期，即假设 3 年利润 3000 亿元，后续维持年均 300 亿元以上的利润，分红率仍取 50%，再来计算一下：

3 年后市值：2444-1500=944 亿元，估值在 3 倍 PE 左右。

3 年后每年分红 150 亿元，股息率接近 16%，比存银行强多了。

投资者该如何判断，取决于大家是更加信任球友"bigpendan"的预期，还是更加信任机构的预期。

机构们的博弈

海控一直以来没有被公募或者私募重仓，基本都是轻仓持有。那为什么机构不重仓它，甚至还疯狂地看空海控呢？

我分析有以下两个原因：

第一，在 A 股集运板块的上市公司只有海控一家，而公募基金配置单一股票是要遵循"双十原则"

的，其中之一就是单一股票持仓不能超过总资产的10%。

公募基金在新能源、白酒、医药板块为什么配置那么多呢？因为这些行业上市公司非常多。

假如你是一家公募基金的基金经理，你想要一鸣惊人，想要登上新财富榜单，想要获得"金牛奖"，那么你最好的方法是什么呢？

答案是全仓压中某一行业板块，比如2020年的冠军是农银汇理基金的赵诣，他管理的四只产品包揽了前四。

他的持仓全部是新能源！

这些基金出名后，就会吸引大量的基民涌入，拉高基金的保有量，这是基金公司和基金经理期待的事情——名利双收。

这部分涌入的资金，同样也要配置这些新能源板块的股票，就会继续拉高股价，所以新能源股票才会如此疯狂。

海控做得到吗？它做不到。基金经理就算看好它，最多只会买10%，对基金净值没有产生太大影响。对基金经理来说，有这精力，还不如去搏一搏其他行业。

基于以上原因，没有什么公募基金重仓它。

第二，在底部就推荐海控的券商寥寥无几，现在涨起来了再去推荐它更不可能。

从底部就开始推荐海控的只有中信建投的韩军，他可以不断地推荐，因为一开始听他话的人都会大赚特赚。韩军可以不断强化自己的观点和逻辑。

而其他券商在底部就没推荐过海控，现在海控涨了这么多，就更不可能推荐了，就算他知道海控被低估，也不可能推荐。

因为他的客户会像大部分投资者一样，指着鼻子骂他：10倍了还推荐，这是在找"接盘侠"吧！

所以券商只能不断地看空海控，不断地推荐那些没涨过的股票，以期和韩军一样，一战成名。

> 海控并非一只标准的"好股票"，因为在它身上赚到钱的人太少。股价大部分时间在跌，小部分时间在涨。

海控股价为什么波动这么大

说实话，海控的持股体验真的很差，因为大部分人没有真正研究过，只要运价松动，他们就会逃跑。

2021年1月—3月的股价大调整，伴随的也是运价的不断下跌。虽然运价依旧处于高位，但是股价从17元杀到了9元多。

投资海控的人，或者说以"涨价"作为投资主线的人，卖出的逻辑只有一个，那就是价格不再上涨了。只要价格一跌，他们就会疯狂出逃，不计成本地抛出。很多机构也是这样。

后面如果发现价格没有到顶，他们又会疯狂地反扑回来继续炒。在这样的预期摆动之间，海控的波动就越来越大。

大部分人认为，周期股应该在业绩最差的时候买入，在业绩最好的时候卖出，所以他们每一次发现之前并不是业绩最好的时候，就会再买回来，而出现"疑似"高点的时候，就会卖出。

海控本身也没有被特大机构持有，所以股价波动非常大。

股价每一次下跌，在一些人眼里是倒车接人。

股价每一次下跌，在另外一些人眼里是倒车碾人。

海控并非一只标准的"好股票"，因为在它身上赚到钱的人太少。股价大部分时间在跌，小部分时间在涨。

海控的未来何去何从，我也不知道。但是我坚信价值。

扫码阅读
原文评论

风险提示：本文仅供学习交流，未经授权禁止转载。资料内的言论和观点仅供参考，以上不构成个股投资建议，不构成对投资人的任何实质性建议或承诺，也不作为任何法律文件。投资有风险，入市需谨慎。

RESEARCH
研究 Research

指数投资是最适合普通投资人的方式之一，也是备受成熟资本市场投资人青睐的方式之一。中证500和中证红利都是2021年表现良好的投资品种，而过去两年，这两个品种都明显落后于沪深300。这两个品种是否值得长期投资？今年以来投资中概互联的人戏称自己是"丐帮"成员，该指数自2021年3月高点回调后，至今仍在低估区域徘徊，但是投资人对其采取的策略是越跌越买。

中证500跑赢沪深300真的只是靠周期吗？

2021年春节后，中证500一路向上，大幅跑赢沪深300，这在很大程度上得益于周期板块的爆发。"成也周期，败也周期"，究竟是不是一个伪命题？

@龚老湿
发布于2021年9月12日

2021年，以中证500、中证1000为代表的中小盘指数大幅跑赢沪深300。中证500在雪球社区中的关注度和讨论度也越来越高。

很多人已经注意到了，这轮中证500的上涨是因为今年中证指数成分中钢铁、采掘、有色金属、化工等行业的涨幅比较明显，而这些都是中证500的权重行业。

有些朋友因而进一步预测，随着钢铁、采掘、有色金属、化工这一轮行情的结束，中证500的强势行情也会结束。

从短期事后归因来看，这一轮上涨中，钢铁、采掘、有色金属、化工的贡献确实较大。但在我看来，从更长期的角度来说，中证500的上涨动力并不在此。

首先，我们要理解沪深300和中证500的构成原理，这两种指数实际上是针对沪深两市的一种排名机制。

也就是说，只有沪深两市中最优秀的300+500只（合计800只）股票才能进入这两个榜单。榜单最主要的衡量标准是市值。

2021年5月，我在雪球社区发文《聊聊我为什么要配置中证500》，详细阐述过中证500长期上涨的主要原因还是在于其优秀的盈利性和成长性。

中证500的行业占比一直处于动态变化中

对于最近比较流行的言论"中证500上涨主要靠周期"，我如何看呢？我整理了中证500指数2010年1月—2021年7月的行业构成数据，我们用数据说话（见图1）。

行业分类上我采用申万一级行业分类，从行业内企业数量和行业市值占比两个口径来看。

无论是从各行业上市公司数量，还是从行业市值的角度来看，中证500的行业构成比例都一直处于变化当中。

2010年1月，企业数量排名前三的分别是化工53家、医药生物45家、房地产37家，而2021年7月企业数量排名前三的是医药生物48家、化工38家、电子32家。2010年1月，市值排名前三的是化工9.49%、医药生物9.31%、房地产 7.48%，而 2021 年 7 月市值排名前三的是电子 10.28%、化工 9.89%、医药生物 8.72%。

各行业公司数量的动态变化体现的是一种优胜劣汰的机制。我们始终都不要忘记，中证 500、沪深 300 都是动态的榜单。

这就好比一所全国性的大学，我选最优秀的 300 个学生进入甲班（沪深 300），选次优的 500 个学生进入乙班（中证 500），每隔半年大考一次重新排名。

每一次大考之后是进甲班还是乙班，甚至是落榜，取决于每个学生的成绩（市值），而不是他来自哪个省份（行业）。

但不论甲班、乙班的学生如何变化，两个班学生的籍贯构成如何变化，我们能够很容易判断的是，这两个班一定是这所学校中最优秀的两个班级。

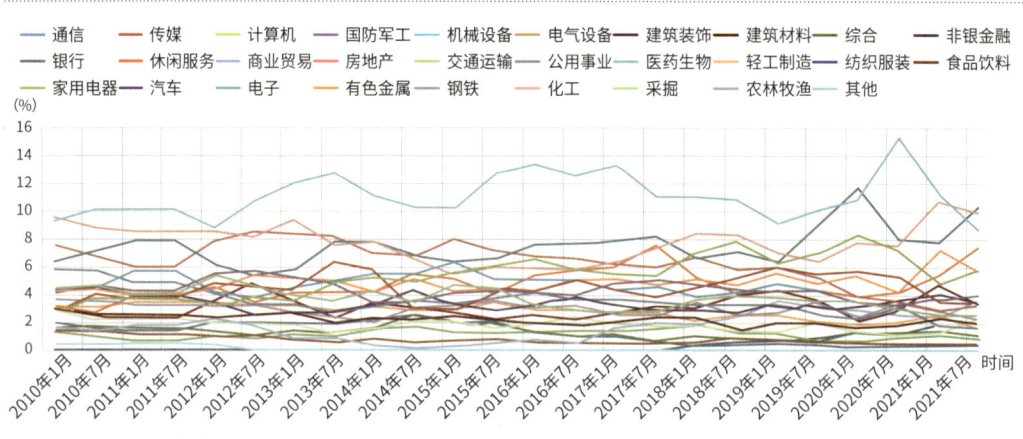

图 1 中证 500 行业市值分布

中证 500 不同阶段的行情由不同行业驱动

各行业市值的变化，除了能体现行业内企业数量的变化外，还能体现该阶段行业整体的市场涨跌幅。也就是说一段时间内如果该行业成分股涨得比较好，那么该行业在指数内的市值占比也会提高。

例如，图1中比较明显的粉色、橙色折线代表化工和有色金属行业，相比去年，这两个行业今年的行业市值占比明显提高。这其实是由于今年以来两个行业中的股票涨幅比较好带来的，这也是最近被提及比较多的逻辑。

我们同样可以看到，图 1 中最上面的权重行业电子和医药生物在 2019、2020 年分别有一段市值占比提升非常明显的曲线。我们对应同时段医药、电子和中证 500 的走势（见图 2），会发现电子和生物医药对这两段上涨的贡献是很大的。

但很奇怪的是，我确实很少听到有人说电子、医药行情的结束会导致中证 500 行情的终结，大概同期人们的注意力都在沪深 300 和 "抱团股" 上吧，毕竟它们的涨幅更大。

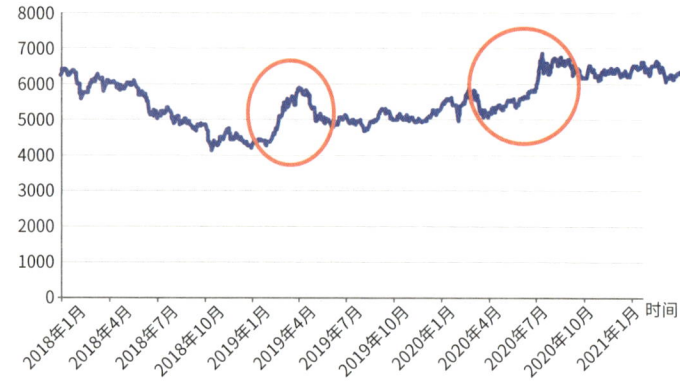

图 2 中证 500 K 线

我们再单拿钢铁、采掘、有色金属、化工这几个行业来看。

从上市公司数量来看（见图 3），四个行业公司总数从未超过 100 家，最低的时候约 70 家，占整个指数的 14%~20%。

从市值占比来看（见图 4），此轮行情上涨之前，周期性行业仅占 15%，而最近达到了 23% 的水平。

上述数据看上去已经比较高了，但是我们还是要注意到，中证 500 中剩下的超过 400 家公司以及 77% 的市值来自其他行业。因此，在我看来，认为周期性行业决定了中证 500 的走势，理由显然是不充分的。

事实上，中证 500 的行情是由不同行业轮动驱动的。我统计了 2010 年 7 月—2021 年 7 月中证 500 所有行业在不同阶段对中证 500 指数涨跌的贡献度（见表 1）。

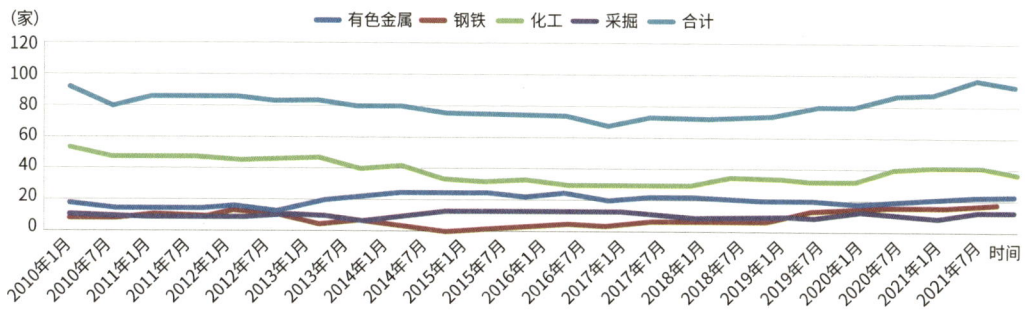

图 3 周期性行业公司数量情况

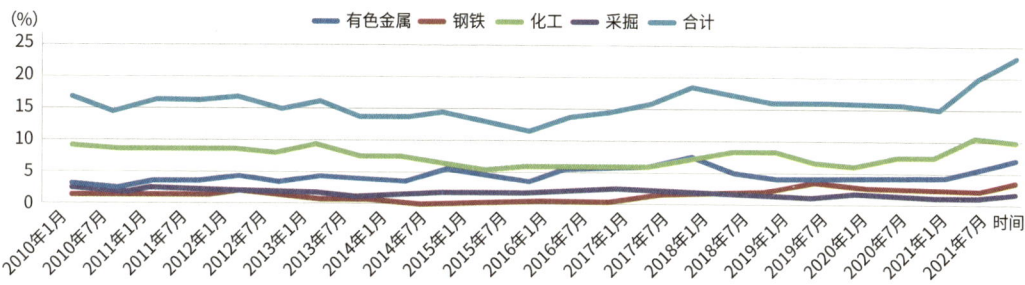

图 4 周期性行业市值占比

表 1 2010 年 7 月—2021 年 7 月各行业对中证 500 指数涨跌的贡献度（%）

行业	2010-7-31	2011-1-31	2011-7-31	2012-1-31	2012-7-31	2013-1-31	2013-7-31	2014-1-31	2014-7-31
通信	-0.28	0.13	-0.12	-0.35	-0.22	0.03	0.22	0.27	0.13
传媒	-0.37	-0.27	-0.10	-0.56	-0.05	0.43	2.99	2.20	-0.79
计算机	-0.05	0.33	-0.24	-0.90	-0.06	0.31	1.09	1.67	0.06
国防军工	0.00	0.41	0.11	-0.77	-0.28	0.54	-0.37	0.88	0.34
机械设备	-0.02	2.02	-0.48	-1.66	-0.42	0.25	-0.51	0.83	0.32
电气设备	-0.09	0.76	-0.45	-1.29	-0.80	0.32	0.21	1.15	0.43
建筑装饰	-0.09	0.38	-0.26	-0.67	0.00	0.28	-0.28	-0.12	0.12
建筑材料	-0.13	0.65	0.29	-0.89	-0.33	0.51	-0.58	0.12	0.28
综合	0.01	0.21	0.13	-0.47	-0.09	0.11	-0.05	0.14	0.24
非银金融	-0.32	-0.18	-0.17	-0.39	0.20	0.39	-0.44	0.17	0.22
银行	0.00	0.00	0.00	0.00	0.00	0.00	0.00	0.00	0.00
休闲服务	-0.04	0.04	-0.01	-0.23	0.13	-0.01	-0.02	0.14	0.07
商业贸易	-0.08	0.23	0.02	-1.40	-0.47	0.05	-0.41	0.70	-0.03
房地产	-0.68	-0.46	0.23	-1.25	0.80	1.70	-1.33	-0.30	1.25
交通运输	-0.48	0.08	-0.41	-0.91	-0.52	0.31	-0.73	0.64	0.25
公用事业	-0.39	0.00	-0.03	-0.80	0.01	0.63	0.08	0.09	0.20
医药生物	0.28	1.33	0.06	-2.84	1.03	1.51	1.91	0.88	0.28
轻工制造	-0.19	0.21	0.21	-1.08	-0.31	0.35	-0.04	0.74	0.18
纺织服装	-0.01	0.08	0.14	-0.41	-0.06	-0.07	-0.27	0.38	0.16
食品饮料	-0.07	0.52	0.35	-0.44	0.54	-0.78	-0.20	-0.16	0.30
家用电器	-0.05	0.09	0.10	-0.20	-0.02	0.19	0.00	0.28	0.04
汽车	-0.10	0.46	-0.43	-0.95	-0.49	0.59	-0.25	0.39	0.78
电子	0.49	1.18	-0.29	-2.60	-0.26	0.49	1.26	1.21	0.51
有色金属	-0.17	0.92	0.29	-1.11	-0.26	0.21	-1.17	-0.29	1.00
钢铁	-0.27	0.08	0.09	-0.54	-0.36	0.14	-0.23	0.00	0.04
化工	-1.53	0.04	0.67	-2.49	-0.76	1.06	-0.79	0.23	0.11
采掘	-0.30	0.38	0.19	-0.47	-0.28	0.10	-0.65	-0.08	0.15
农林牧渔	-0.14	0.63	0.03	-0.87	-0.10	0.18	-0.38	0.42	0.13

行业	2015-1-31	2015-7-31	2016-1-31	2016-7-31	2017-1-31	2017-7-31	2018-1-31	2018-7-31	2019-1-31
通信	0.48	0.74	-0.40	0.25	-0.05	-0.13	-0.03	-0.46	-0.17
传媒	1.02	1.39	-1.05	0.05	-0.47	-0.61	-0.35	-1.10	-1.25
计算机	2.15	2.89	-1.47	0.54	-0.66	-0.31	-0.25	-0.47	-1.46
国防军工	1.68	1.52	-2.00	0.48	0.17	-0.62	-0.30	-0.40	-0.57
机械设备	2.39	2.07	-1.45	0.55	0.24	-0.28	-0.25	-0.84	-0.61
电气设备	1.33	1.69	-1.14	0.65	-0.05	-0.34	-0.18	-1.20	-0.41
建筑装饰	1.58	0.65	-0.55	0.16	0.56	0.06	-0.13	-0.38	-0.21
建筑材料	0.73	0.45	-0.49	0.30	0.35	0.12	0.12	-0.36	-0.26
综合	0.80	0.69	-0.35	0.18		-0.10	-0.10	-0.30	-0.13
非银金融	2.47	-0.45	-0.35	0.12	0.05	0.15	0.23	-0.41	-0.01
银行	0.00	0.00	0.00	0.00		0.00	0.01	-0.08	0.02
休闲服务	0.18	0.37	-0.15	0.02	0.00	-0.03	0.06	0.02	-0.22
商业贸易	1.52	1.11	-0.95	0.32	0.27	-0.26	-0.04	-0.65	-0.58
房地产	3.33	2.04	-1.02	0.11	0.46	0.01	0.94	-1.98	-0.33
交通运输	2.19	1.93	-1.43	0.15	0.03	0.16	0.08	-0.72	-0.56
公用事业	1.85	1.31	-1.33	0.32	0.13	-0.12	-0.38	-0.82	-0.75
医药生物	2.00	3.77	-2.70	2.25	-0.27	-0.37	0.86	-0.31	-2.91
轻工制造	0.70	1.74	-0.83	0.50	0.04	-0.12	-0.12	-0.46	-0.55
纺织服装	0.98	1.06	-0.41	0.16	0.02	-0.13	-0.05	-0.06	-0.08
食品饮料	0.49	0.65	-0.40	0.83	0.05	0.47	1.15	-0.16	-0.49
家用电器	0.57	0.35	-0.22	0.24	0.10	0.30	0.41	-0.39	-0.14
汽车	1.15	0.71	-0.53	0.70	0.13	-0.07	-0.08	-0.56	-0.49
电子	1.17	2.62	-1.42	1.60	-0.04	0.45	0.07	-1.11	-1.80
有色金属	1.31	0.31	-1.00	1.76	0.02	0.99	-0.07	-1.23	-1.02
钢铁	0.14	0.10	-0.19	0.01	0.13	0.21	0.21	-0.24	-0.54
化工	1.97	1.78	-1.30	1.06	0.39	0.03	-0.02	-1.15	-1.87
采掘	0.49	0.26	-0.41	0.12	0.19	0.07	0.07	-0.47	-0.15
农林牧渔	0.98	1.51	-0.92	0.51	0.04	-0.36	0.14	-0.66	-0.05

中证 500 为何能长期跑赢沪深 300？

中证 500 跑赢沪深 300 的秘密在哪里呢？

除了基本面的因素外，我们还可以从另一个视角来探讨。

首先，沪深 300 和中证 500 的排名机制决定了其成分股至少是全市场最优秀的 800 只股票。如果进不了前 800，那么公司会被自动淘汰掉，新的优秀公司会补充进来。

其次，沪深 300 和中证 500 是存在交互机制的。也就是沪深 300 里落榜的会进入中证 500，而中证 500 里优秀的会升入沪深 300。

我们来看看这些从乙班晋升甲班和从甲班掉落乙班的学生，在晋级、降级前后的表现究竟是什么情况。

我按照表 2 的格式，统计了 2010 年以来从中证 500 升入沪深 300 的全部股票，并综合其调出中证 500 进入沪深 300 前后各一年相对两个指数的超额表现，总结如下：

这些晋级生，在晋级前一年的平均涨跌幅为 66.88%，相对中证 500 的超额收益为 55.84%；在晋级后一年的平均涨跌幅为 14.76%，相对沪深 300 的超额收益为 1.82%。

也就是说晋级的股票，在晋级之前的超额贡献非常明显，这部分的超额收益是计入中证 500 的表现的。虽然中证 500 培养这些优秀学生进了沪深 300 这个学霸班，但中证 500 并不亏，因为它吸收了这些股票的大部分成长红利。

这些晋级股票进入沪深 300 之后，相对之前的表现就比较乏力了，相对沪深 300 的超额收益并不明显。沪深 300 吸收这些股票之后并没有占到太大的便宜。

这与现实中的常识也非常相似，这种竞争排名，从 301~800 名晋升到前 300 已属不易，再往上继续逆袭的难度非常大。

同理，我们再来看看从沪深 300 调入中证 500 的股票情况，它们也是中证 500 成分股的重要组成部分。

续表

2019-7-31	2020-1-31	2020-7-31	2021-1-31	2021-7-31
0.51	0.07	0.23	-0.49	0.09
0.44	0.96	1.30	-0.70	-0.66
1.77	1.49	1.68	-1.30	0.01
0.82	-0.01	0.92	0.12	0.07
0.82	0.07	0.70	0.44	0.17
0.54	0.59	1.95	1.85	2.13
0.05	-0.12	0.06	-0.16	0.08
0.36	0.23	0.71	-0.08	-0.11
0.14	0.07	0.21	-0.13	0.24
0.92	-0.11	0.28	-0.12	-0.64
0.08	-0.01	-0.12	0.22	-0.24
0.24	-0.05	0.54	0.08	-0.08
0.29	-0.17	0.72	-0.89	-0.04
0.72	-0.21	0.17	-0.52	-0.40
0.65	-0.31	0.15	0.07	-0.23
0.47	-0.29	0.24	-0.21	0.22
2.18	1.76	5.96	-0.73	-0.24
0.28	0.13	0.34	0.05	-0.11
0.03	0.00	0.00	-0.05	0.03
1.88	0.09	1.10	0.87	-0.93
0.29	0.07	0.09	0.16	-0.23
0.27	0.19	0.39	1.13	0.21
2.07	4.17	2.50	0.21	1.14
0.61	0.35	0.65	0.94	2.05
-0.17	-0.25	0.04	0.27	1.09
1.00	0.43	1.67	1.47	2.11
0.10	-0.17	-0.05	0.02	0.35
1.28	-0.31	1.00	-0.42	-0.59

通过表1我们可以明显地观察到，不同阶段、不同行业对指数涨跌都有或大或小的贡献，比如上文中提到的电子、医药。从表1中我们可以看出，电子在2019年下半年向中证500贡献了4.17%的涨幅，医药生物在2020年上半年贡献了5.96%的涨幅。同期成分里周期股并没有什么表现，但这些都被忽略了，因为同期沪深300、"抱团股"更抢眼，中证500没人看，更没有人关心它究竟为什么也涨了。

我们也可以看到过去地产、军工、计算机等行业也都有过亮眼的贡献。

所以，单纯说某几个行业就可以决定一个宽基指数的涨跌，这种说法是完全站不住脚的。我认为，周期性行业决定中证500的言论可以休矣。

表2 晋级调入沪深300企业的表现（涨跌幅） (单位:%)

公司	调入时间	一年前	一年后	调入前表现	调入前中证500	相对中证500超额收益	调入后表现	调入后沪深300	相对沪深300超额收益
上海医药	2010-07-01	2009-07-01	2011-07-01	27.01	4.47	22.54	3.3987	18.9880	-15.59
福田汽车	2010-01-04	2009-01-04	2011-01-04	308.18	132.57	175.61	26.2896	-10.7952	37.08
平高电气	2010-01-04	2009-01-04	2011-01-04	36.99	132.57	-95.58	7.7382	-10.7952	18.53
*ST 云城	2010-01-04	2009-01-04	2011-01-04	126.12	132.57	-6.45	-27.0807	-10.7952	-16.29
ST 维维	2010-01-04	2009-01-04	2011-01-04	255.81	132.57	123.24	-29.3024	-10.7952	-18.51
万通发展	2010-01-04	2009-01-04	2011-01-04	135.33	132.57	2.76	-25.8685	-10.7952	-15.07
软控股份	2011-07-01	2010-07-01	2012-06-30	38.02	25.66	12.36	-59.0875	-19.1347	-39.95
百联股份	2011-08-23	2010-08-23	2012-08-22	11.37	1.56	9.81	-49.2808	-17.3592	-31.92
海正药业	2011-01-03	2010-01-03	2012-01-03	60.21	10.07	50.14	-17.0977	-25.0145	7.92
莱宝高科	2011-07-01	2010-07-01	2012-06-30	84.13	25.66	58.47	-33.0233	-19.1347	-13.89
獐子岛	2011-01-03	2010-01-03	2012-01-03	130.12	10.07	120.05	-12.8800	-25.0145	12.13
东方园林	2011-07-01	2010-07-01	2012-06-30	29.72	25.66	4.06	30.1024	-19.1347	49.24

表3 降级调入中证500企业的表现（涨跌幅）　　　　　　　　　　　　　　　　　　　　　　　　（单位:%）

公司	调入时间	一年前	一年后	调入前表现	调入前沪深300	相对沪深300超额收益	调入后表现	调入后中证500	相对中证500超额收益
申华控股	2010-01-04	2009-01-04	2011-01-04	117.5254	94.4868	23.04	-23.318386	11.7327	-35.05
双鹭药业	2010-07-01	2009-07-01	2011-07-01	4.6846	-20.2245	24.91	50.87675	25.6595	25.22
东方盛红	2010-07-01	2009-07-01	2011-07-01	-24.9587	-20.2245	-4.73	-11.802575	25.6595	-37.46
华泰股份	2010-01-04	2009-01-04	2011-01-04	130.5457	94.4868	36.06	-31.278798	11.7327	-43.01
ST 安信	2010-07-01	2009-07-01	2011-07-01	-20.5143	-20.2245	-0.29	45	25.6595	19.34
电广传媒	2010-07-01	2009-07-01	2011-07-01	0.9679	-20.2245	21.19	56.812339	25.6595	31.15
诺德股份	2010-01-04	2009-01-04	2011-01-04	128.5218	94.4868	34.04	10.614099	11.7327	-1.12
中体产业	2010-07-01	2009-07-01	2011-07-01	-14.8544	-20.2245	5.37	-16.380007	25.6595	-42.04
西宁特钢	2010-01-04	2009-01-04	2011-01-04	159.2771	94.4868	64.79	-13.197712	11.7327	-24.93
金枫酒业	2010-01-04	2009-01-04	2011-01-04	79.8155	94.4868	-14.67	-12.819474	11.7327	-24.55

按照表3的格式，我统计了2010年以来从沪深300调入中证500的全部股票，并综合其调出沪深300进入中证500之前后各一年相对两个指数的超额表现，总结如下：

这些降级生，在降级前一年的平均涨跌幅为-4.31%，相对沪深300的超额收益为-14.20%；在降级后一年的平均涨跌幅为16.97%，相对中证500的超额收益为3.41%。

可以看出，这些降级生在降级之前相对沪深300确实表现不佳，所以才被降级。

但是中证500接收这些降级生之后也并非接收的是"垃圾"，平均来看这些降级生的表现至少没给中证500这个班级拖后腿，甚至还略有贡献。

综上，从这个视角来看，除了基本面因素外，在编制规则上中证500实际上也是占到了便宜的，长期看跑赢沪深300并不难理解。

扫码阅读
原文评论

风险提示：本文仅供学习交流，未经授权禁止转载。资料内的言论和观点仅供参考，以上不构成个股投资建议，不构成对投资人的任何实质性建议或承诺，也不作为任何法律文件。投资有风险，入市需谨慎。

红利ETF是否值得长期投资？

红利ETF最近回调较大，截至2021年9月30日，11个交易日内从最高点的3.448元跌到最低3.057元，跌幅为11.3%。我在9月13日最高点减仓，并在9月14日的帖子里分析了短期调整的原因，之后的走势从某种程度上验证了分析的正确性。

或许有朋友会问：你既然判断出了阶段顶部，为何不清仓呢？

在我看来，一个策略如果能够让你逃避短期顶部，那么也会大概率使你错过最大涨幅，类似的例子不胜枚举。我在买入红利ETF之初就制订了策略。按照策略，前段时间市场阶段性见顶，因为这仍不满足我制订的获利卖出的条件，所以我只按计划卖出了部分仓位，以此降低组合的回撤。错误的执行策略如果带来了正确的结果（短期逃顶），或许会对长期投资造成伤害。

对我来讲，做正确的事情比获得理想的结果要重要得多。

那么现在问题来了，跌了这么多要不要卖出？

回答这个问题之前，我们必须搞清楚红利指数的核心优势，以及在当前条件下相应的风险。我们只有搞清楚这些问题，才能进行科学的决策，做到心中有数。

本文主要探讨红利指数的优缺点，以确定红利ETF是否值得投资者长期持有。

红利ETF的策略

查看红利指数的编制方案，我们可以看到：

第一，关于上证红利指数，我们选取在上海证券交易所上市的现金股息率高、分红比较稳定、具有一定规模及流动性的50只证券作为指数样本，以反映沪市高红利证券的整体表现。

第二，选择上证180指数中满足以下条件的上市公司证券：(1)过去两年连续现金分红且每年的税后现金股息率均大于0；(2)过去一年日均总市值排名在前80%；(3)过去一年日均成交金额排名在前80%。

第三，选样方法是对样本空间的证券按照过去两年的平均税后现金股息率由高到低进行排名，选取排名在前50的证券作为指数样本。

第四，指数样本每年调整一次，调整实施时间为每年12月的第二个星期五的下一个交易日。在新一轮的样本调整中，首先将不满足以下条件的原样本依次剔除：(1)过去一年的税后现金股息率大于0.5%；(2)过去一年日均总市值排名在上证180指数样本空间的前90%；(3)过去一年日均成交金额排名在上证180指数样本空间的前90%。满足以上三个条件的原样本仍具有进入新一期样本空间的资格。

每次调整时，在新一期的样本空间中会按照过去两年平均税后现金股息率进行排名，挑选排名前50的证券组成样本。每次调整的样本比例一般不超过20%，除非因不满足过去一年的税后现金股息率大于0.5%而被首先剔除的原样本数量超过了20%。

简单归纳就是：红利指数是选50只流动性好的股票，按股息率排名赋予其权重，每年调整一次。

红利指数的核心优势在于其策略自带"高抛低吸"特质。

@不动如山君
发布于2021年9月30日

红利 ETF 的核心优势

我们先看图1，蓝色K线为上证指数，红色K线为红利ETF；蓝框内为2014年以前的走势，红框内为2014年以后的走势。

通过图1我们可以看到，2014年以前，红利ETF和上证指数基本重合，没有超额收益；但是2014年以后，红利指数相对上证指数，其超额收益更为明显。

我们再把公认的作为业绩比较基准的沪深300ETF纳入对比。

图2中，蓝色K线为上证指数，灰色K线为沪深300ETF，红色K线为红利ETF。

通过图2我们可以看到，红利ETF即使相对公认优秀的沪深300ETF也存在波动更小、收益更高的特点。只有2020年3月到2021年2月这个时间段，红利ETF相对沪深300ETF为负收益。

当然，大家都清楚，2020年3月到2021年2月这个时间段比较特殊，受新冠肺炎疫情影响，以贵州茅台为代表的白马股走出了波澜壮阔的白马股行情，而沪深300ETF成分股里"抱团股"占比较大，这也是沪深300ETF近两年优于红利ETF的原因。在我看来，这属于特例，并不能代表大多数情况。2022年我会把这两个指数再做一次对比，以验证分析是否正确。

为什么红利ETF在2014年以前无相对超额收益，在2014年以后却明显有超额收益呢？其核心在于股息率加权带来的高抛低吸。

众所周知，红利指数在2013年进行了规则调整，成分股加权因子由市值变为股息率。

按市值加权的结果是：一只股票涨再多也会继续留在指数里，因为市值更大了，权重更高了，其核心优势是强者恒强。当社会发展到一定水平，GDP增速放缓，行业集中度被动提升，就会导致强者恒强，这也是沪深300指数近两年表现优于中证500指数的原因。

按股息率加权的结果则相反：一只股票如果涨幅过大，必然造成股息率下降，被剔除红利指数或调低权重；相反，当一只股票跌幅过大，股息率会被动上升，因而被纳入红利指数，其结果是被动实现高抛低吸。

通过以上分析不难看出，"通过股息率因子被动地高抛低吸"才是红利ETF的核心优势，这也是红利指数超越上证指数以及沪深300指数的根本原因。

结合最近的周期股行情可以预见，如果周期股涨幅过大，那么下一次指数调整时，周期股会被动减仓，而其他冷门高股息率的股票会被纳入，被动实现高抛低吸。

正因为这个特性，红利ETF具备了长期投资标的的两个特征：

第一，指数自带高抛低吸的功能；

第二，指数长期向上，生生不息。

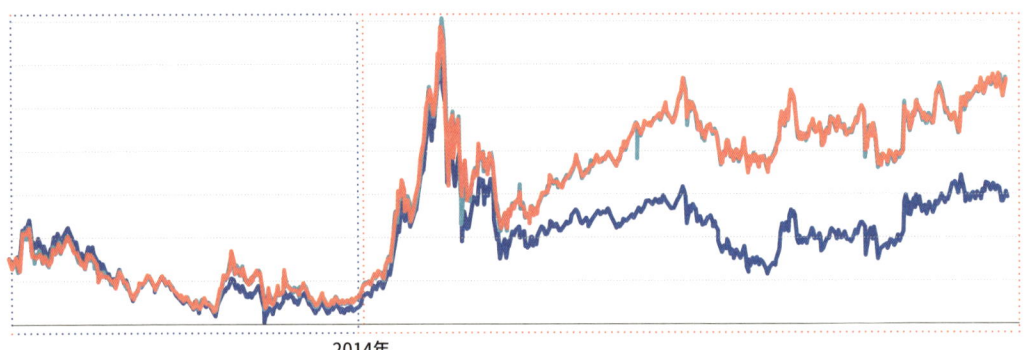

图1 红利ETF和上证指数K线走势

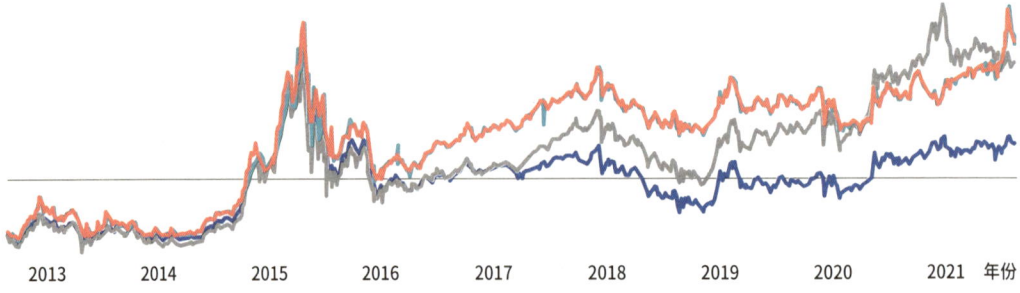

图2 上证指数、沪深300ETF和红利ETF K线走势

红利指数的缺点

1. 规模大，投资者多

截至2021年9月28日，红利ETF（510880）规模已超156亿元，位居场内主题ETF榜首。

纵观古今，任何一个赚钱的方法，如果使用的人过多，其必会失效。基本面分析也好，技术分析也罢，只要用的人多了，就必然失效。原因很简单，如果大多数人采用的策略有效，股市就不会七亏二平一赚了。这也是为什么股市风格每隔几年就会切换一次。

2. 因规模大导致的冲击成本上升

这方面网络上有众多讨论，不再赘述。

红利指数虽然有以上两个缺点，但我还是认为目前的状况对策略有效性造成的影响有限，后续密切关注即可，投资者不必过于担心。

如何投资红利ETF

投资红利ETF，重点要明确红利ETF的收益来源于三个部分：一是股息率，二是利润增长，三是估值。

1. 股息率

股息率是最简单的判断指标，直接查数据即可，每年的分红实实在在，骗不了人。

2. 利润增长

这部分基本可以忽略。从前几年的数据看，红利指数的利润基本没有增长。当然由于2021年周期股的加入，利润会大幅增长，但是我认为，这种增长无法持续。图3为红利指数成分股年度利润情况。

这个图很有意思，仔细看会发现2013年指数规则改变前利润是增长的，但2014年以后利润基本不变，说明从利润增长率的角度而言，按照市值权重选出的公司明显优于按股息率权重选出的公司。但红利ETF相对于沪深300ETF和上证指数，其超额收益却是在2014年以后产生的，一方面，剔除了因利润增长导致股价上涨的逻辑；另一方面，印证了红利ETF有超额收益的根本原因在于按照股息率加权后指数被动实现了高抛低吸。

结合前面的分析，我认为红利ETF的核心优势在于按照股息率加权被动实现高抛低吸，而不是指数策略的选股能力。

3. 估值

估值其实可以和股息率一并考虑，其原因在于股息率与估值负相关。股息率高的时候估值相对低，股息率低的时候估值相对高。

既然利润没有明显增长，收益的关键就取决于股息率和估值。而估值与股息率负相关，那么化繁为简，投资红利ETF的核心就是股息率。

观察历史，我发现红利ETF的股息率变动区间为3%~6%。我的策略是：股息率大于5%时买入，小于4%时分批卖出，股息率介于4%~5%时动态平衡。当然，我是防御型投资者，策略相对保守，投资者可以根据自己的风险承受能力适当放宽。

综上所述，红利ETF是选出50只流动性好的股票，按股息率加权每年调整一次。其核心优势在于自带高抛低吸的功能。其风险在于目前规模较大，调仓时冲击成本较高。投资者投资时主要关注股息率即可。

股市的短期涨跌无法预测，作为防御型投资者，我的操作策略以保证本金安全为前提。从某种角度来讲，我的保守策略如果遇到单边大牛市，难免会损失部分利润，而我要兼顾所有可能发生的情况，保证未来涨跌与否自己都能接受。

扫码阅读
原文评论

风险提示：本文仅供学习交流，未经授权禁止转载。资料内的言论和观点仅供参考，以上不构成个股投资建议，不构成对投资人的任何实质性建议或承诺，也不作为任何法律文件。投资有风险，入市需谨慎。

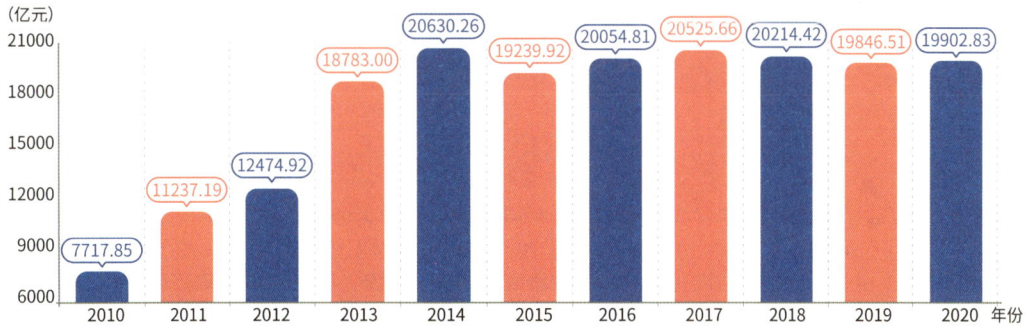

图3 2010—2020年红利指数成分股年度利润

浅谈指数基金持仓分配与定投规则——以中概互联为例

> 中概互联不适合使用 PE 方式估值，因为很多互联网企业处于快速扩张期。在高速扩张阶段，企业需要快速扩大用户规模和营收规模，利润反而在其次。

持有指数基金，分享经济增长的红利。

@ 六亿居士
发布于 2021 年 9 月 7 日

对比个股和主动基金，指数基金的被动管理模式能大大降低我们主观选择的片面性，克服人性中的贪婪、恐惧。定投指数基金不一定能让我们暴富，但一定有机会让我们坐上全球财富增长的快车。

如何选择指数基金？

1. 核心观点：宽基指数与行业指数搭配

宽基指数是市场上最主要、最具代表性的指数，是指覆盖股票面广泛、具有相当代表性的指数。常见的宽基指数包括沪深 300、中证 500、创业板指数、上证 50、红利指数、基本面指数、价值指数、央视 50、上证 50AH 优选、恒生指数、H 股指数、纳斯达克 100、标普 500 等。行业指数是聚焦某个行业的窄基指数。常见的行业指数包括消费指数、医疗指数、白酒指数、证券指数、银行指数、中概互联指数、地产指数、新能源指数等。选择宽基与行业指数时，务必宽窄共行。

2. 四大原则：基金机构完善、规模大小适中、管理费用低廉、跟踪误差较小

（1）基金机构完善。选择口碑优秀、行业经验丰富、经营健康持续的基金公司。（2）规模大小适中。规模太小则容易清盘，规模太大则策略的超额收益不明显，一般建议 2 亿~10 亿元的规模，慎重选择总市值低于 1 亿元的基金。（3）管理费用低廉。管理费用越低，收益率自然越高。目前行业发展迅速，竞争激烈，指数基金的管理、申购等费用都在逐渐降低。（4）跟踪误差较小。我们选择指数基金的原因是"避免贪婪且恐惧的人性"，如果跟踪偏离度大，指数基金管理者"积极"发挥主观能动性，则与我们投资的初衷南辕北辙。

3. 持仓指数示例

国内宽基：中证红利指数 + 沪深 300 指数 + 中证 500 低波指数 + 上证 50AH 指数 + 香港中小指数。

在大国崛起的大背景下，买指数基金就是买国运，因此选择最具代表性且富含大中小、三大交易所、不同策略的宽基指数，跟踪中国快速成长的经济，是我们定投的不二之选。

国内行业：中证消费指数 + 中证医疗指数 + 中概互联指数。

以上三个是笔者认为非常优秀的行业指数，无论是从历史数据还是从实际操作定投结果来看，都称得上优秀。不过单行业指数配比不宜过高，建议最高不超过 20%，另外行业指数也会随着社会的进步与发展有所变化，但在可预见的 5~10 年，这几个行业指数还将继续高速成长。当然，市场里还有不少其他优秀的行业或者有特色的行业指数，大家可以根据自己的喜好和熟知度进行调整。

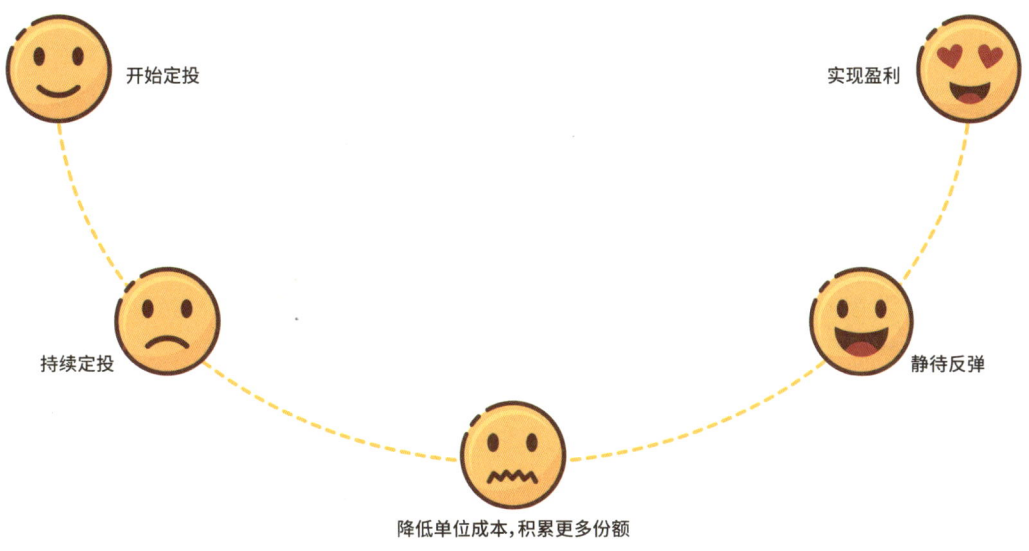

图1 微笑曲线

中概互联如何投？

原则1：低估，定期不定额定投，越跌越买。

释义：定投指数，必须是在标的低估时进行；采用定期不定额定投的模式，即每月一期或每周一期，目标指数的估值低估时，进行不定额定投，也就是目标指数越低估，则定投额越大，具体规则可根据自身现金流情况进行修正。

原则2：规则既定，坚持到底。

释义：定投指数基金一般需要3~5年的周期，有时候甚至需要更长的时间，才能获得较大的回报。半途而废，会让持仓成本高企，甚至造成亏损。所以在定投之前，我们要明确自身的存量资金与之后几年的增量资金，根据自身资金量，设定不同估值时定投的金额。

原则3：定投的资金必须是闲钱。

既然需要长期持有且越跌越投入，那么定投的资金必须是"闲钱"，如此才能确保长期定投，形成著名的"微笑曲线"（见图1）。

以中概互联为例，目前是极佳的定投买入点。

以中概互联网50ETF为例，成分股以头部中概股为主，其中腾讯和阿里巴巴分别占28.15%和24.66%的权重，是非常集中的一类指数基金。这是由互联网企业"强者恒强"的特性所决定的。这就使得这类指数基金从名字看像是"行业指数"，但从涉及的领域来看，基本属于"宽基指数"。

指数定投强调"去主观化"。市场情绪是典型的主观意志，定投时请尽量忘记目前互联网市场的气氛与论调，纯粹用"估值"去判断标的估值水平。

当然，中概互联不适合使用市盈率（PE）方式估值，因为很多互联网企业处于快速扩张期，在高速扩张阶段，企业需要快速扩大用户规模和营收规模，利润反而在其次。因此，用PE的方式去估值会失真。国际国内对互联网企业估值的方式，主要是参考市销率（PS）。

根据近3~5年历史数据，中概互联的PS在4.2至10的区间波动。通常来看，PS低于5.6进入低估，PS高于8进入高估。目前，中概互联50ETF的PS在最低位波动，是难得的低估机会。

我们并不清楚中概互联会不会继续大跌，这样的低位需要持续多久。但回溯历史，一个"微笑曲线"一般需要持续2~3年，那么你需要根据自身的资金情况，从低估一开始就设计好定投金额，以及越低估越多投的系数。中概互联波动较大，专业度较高，新进入的投资者不建议以此作为定投起步标的。定投最怕一时脑热，不遵守自己的定投规则，刚低估就大笔投入，后续下跌时没有足够的资金继续定投；甚至大幅下跌时，出售定投份额。当然，最重要的是使用日常用不到的资金，不借钱投资，不拿明天要用的钱投资，才能在长达3~5年的时间里保持风轻云淡。

扫码阅读
原文评论

风险提示：本文仅供学习交流，未经授权禁止转载。资料内的言论和观点仅供参考，以上不构成个股投资建议，不构成对投资人的任何实质性建议或承诺，也不作为任何法律文件。投资有风险，入市需谨慎。

利用资产配置加再平衡 走出投资误区

普通个人投资者在投资中通常会遇到一些挑战。在面对这些挑战时,应该用什么样的心态以及方法应对呢?

@皇叔乱侃
发布于2021年8月31日

我们最终希望通过投资实现理财目标和人生规划。怎么样能通过长期投资实现复利效果呢?

投资理财的目标与原则

在投资中大家都希望获得不错的收益。可大家有没有想过,投资到底是为了什么呢?投资理财其实要实现两个目标:

第一,在风险可承受的范围内实现更优的风险收益比。大家在投资的过程中,一般做的第一件事就是填写风险承受能力评估表,这可以帮助我们判别自己的风险承受能力。投资不应该一味追求高收益,而是要想办法获得更优的风险收益比,也就是投资的"性价比"。

第二,通过投资,使财富长期稳定增值,以实现理财目标和人生规划。投资收益率多几个点,其实更多的是增加一些心理上的成就感。追求自身的理财目标,才是投资者要重点思考的。例如,现在我需要投入多少资金,才能满足买房买车、子女教育以及退休养老等人生需求。

要完成上述目标,我们需要遵循三个原则:

第一,底线思维。所谓底线,是即使遇到极端情况也不会被击穿的那条线。什么是极端情况?2020年春节后,A股开盘就因新冠肺炎疫情而暴跌,投资者非常容易因市场短期快速下"杀"而被击穿心理底线,出现不理性操作。若是如此,市场此后的反弹就与"我"无关了。

第二,专业价值。雪球社区中有非常多的专业研究文章,能让我们对现在的行情、市场和未来的趋势有更清楚的认识。这些专业内容的价值,就是帮助投资者提高整个投资组合的胜率以及赔率。要做好投资,一方面,我们需要具备一定的专业能力;另一方面,我们需要投入时间做相应的研究。如果只有专业知识而没有时间做研究,我们也没办法做出更好的投资判断。

第三,长期主义。我们最终希望通过投资实现理财目标和人生规划,那么,如何通过长期投资实现复利效应呢?这就需要降低波动性。波动越大,我们出现恐惧和贪婪的可能性就越高。只有降低波动性,我们才有办法拿得住、拿得久,最终获得长期复利。

坚守资产配置的方法

资产配置是降低波动性、帮助我们实现长期投资目标的有效方式。我们来看一个长期的投资案例。

从2004年1月1日到2020年9月30日的这段时间里，我们可以看到，不管是"股七债三"配比，还是"股五债五"配比，最终收益率在大部分时间是高于沪深300的。即使相对来说偏保守的"股三债七"，虽然绝对收益比沪深300低，但其实低的幅度并不大，重要的是波动也会小很多。我们可以看到，图1中的红色线是沪深300指数在这段时间的走势，对比来看，股三债七（黄色线）基本上是非常平缓、持续、稳定向上走的。

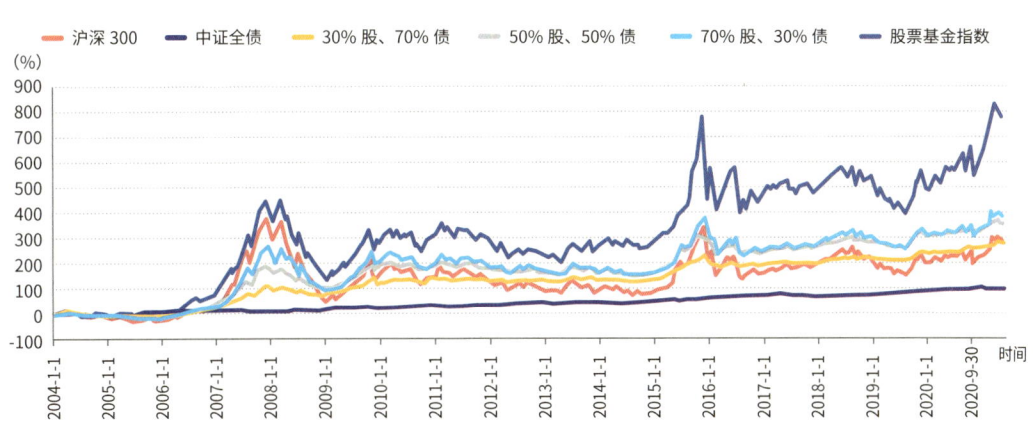

图1 2004年1月—2020年9月不同比例资产配置的收益情况

资料来源：Wind，数据截至2020年9月30日。

也就是说，虽然按照上述配置（股三债七），投资人会损失一点收益率，但其持有过程中的投资体验大幅改善，最终赚到了长期复利。而如果一直全仓炒股（全仓沪深300），投资者可能在某些时间段就已经因为"倒金字塔"加仓、"正金字塔"减仓、高买低卖等各种操作，不仅没赚钱，反而还赔钱了。这就是我们常说的个人投资者通常都是"七亏二平一赚"，其主要原因就是人性。

我们如果在这个基础上再持有一只股票指数基金，就可以进一步把收益向上抬升。通过资产配置，我们可以使投资收益得到第一次提高——在被动投资的基础上，利用机构的力量在权益类部分再多做一些配置。

这里大家可以看到几个特性：第一，把时间拉长，不管是股市还是债市，长期趋势基本是往上走的，毕竟经济是持续发展的。第二，股票和债券之间存在"跷跷板"效应——股市涨时债市跌，股市跌时债市涨。

2004—2020年，沪深300有9年是上涨的，8年是下跌的，胜率略高于50%。我们以年化收益来看赔率，为7.8%。而中证全债有12年是赚钱的，5年是赔钱的，它的胜率差不多为2/3，按照年化收益，赔率为4%。所以我们可以得出一个大致的结论：沪深300是低胜率、高赔率，中证全债是高胜率、低赔率，而且在极端行情中，二者的"跷跷板"效应更明显。

资产配置再平衡

还有一件很重要的事：我们在做资产配置时，如果一开始配置好资产就再也不变了，那就相当于只做了半套操作，全套操作是"资产配置＋再平衡"。

倘若历经熊市的亏损，投资人是否能够通过"资产配置＋再平衡"扭亏为盈呢？我们来看一个例子。张先生是一位风险偏好为平衡型的客户，他手上有100万元资金。2008年初，他以"股三债七"的配比做投资，依照"有内有外"的原则，境内沪深300配置了15%，境外标普500配置了15%。年底他一查账户，当年A股遭遇66%的大跌，15万元变成了5.1万元；标普500跌了近40%，15万元变成了约9.2万元；而这一年中证全债大涨15%以上，投向债券的70万元变成了约81.1万元。张先生的账户余额从年初的100万元变成了约95.5万元。

于是，张先生拿着剩下的95.5万元延续最开始"股三债七"的配置比例进行投资，沪深300配15%，标普500配15%，中证全债配70%，一年之后再看效果。整合下来，张先生手里的整体资产达到111.8万元，而两年前是100万元。通过两年的资产配置整体下来，张先生的年化收益率单利计算为近6个百分点，相比单纯做银行短期理财的收益率有显著的提高。

不管是中长期投资、大牛市投资还是大熊市投资，不管是什么行情，只要坚持资产配置加上再平衡，基本上都能穿越牛熊，获得长期复利。

个人投资者有一个很大的问题——心态很难保持平和。人性是很难对抗的！类似于：道理我都懂，但我就是咽不下这口气，管不住我的手。

人性又是影响我们长期投资收益的一个非常重要的因素，所以，我们需要用机制来约束自己对抗人性。

回到2008年12月31日，同样是这95.5万元，再平衡就是在总资产没有变的情况下，卖出这一年涨得比较多的中证全债做部分获利了结，然后低接跌得比较多的沪深300和标普500。可以看到，再平衡本身就是内建一个低买高卖的机制，去有效对抗人性的恐惧与贪婪。其实，在第一个案例中，会有那样的结果，也是我们每年都进行了再平衡。

投资者既要进行长时间的研究，又要具备专业的能力，同时还要执行投资纪律，这样才能确保投资大概率成功，而资产配置加再平衡就是这样一个机制。

如果没有做再平衡，你会发现同样5年内，即便是用一部分资产买入股票，另一部分资产买入债券，最后的收益基本上就是介于两者之间。而通过内建一个低买高卖的机制，则有可能进一步提高投资的整体收益率。

对于资产配置和再平衡，我有如下三点建议：

第一，合理配置底层资产。资产配置中，要配置不同的底层资产，其原理是要用不同资产的不同收益和风险特征，通过两两之间低相关、不相关、负相关的特性分散风险。

第二，内建操作过程中的机制和纪律。投资不是一味追求高收益，因为高收益和高风险基本挂钩。我们要做的是依照每个人的风险承受能力在可控风险之下追求相对较高的收益。投资者只有在持有过程中平滑单一资产波动的风险，才能拿得住、拿得久，最终获得长期复利。只有资产配置平滑了波动，投资者才有机会在整个大行情的整体波段上获利。而具体操作过程中，投资者要建立科学的机制和严明的纪律，保障上述策略得到坚决的执行。

第三，善用机构投资者的力量。根据2004—2019年的统计数据，沪深300的年化收益率是7.57%，而这个过程中，偏股混合型基金的年化收益率是13.06%。也就是说，专业机构投资者相对于股票市场来说，获得了超额收益。有数据表明，这几年基金的超额收益率接近5.5%。

但为什么很多基金持有人的感受不好呢？在同样的时间段里，基民的平均收益率只有5.75%，连沪深300的收益率都达不到。为什么会出现这种现象呢？最主要的原因就是基民在投资中的择时行为，而择时背后是人性的恐惧和贪婪。专业投资人之所以能够实现相对于沪深300指数的超额收益，是因为专业投资机构有完整的投研体系，而个人投资者是单兵作战，二者完全不在一个维度上。这就是我们常说的，不要用自身的业余爱好去挑战别人的专业能力。

综上所述，投资者如果能做到有股有债、有内有外、有大有小、长短搭配，通过定期资产配置加上再平衡，就能够解决投资过程中的很多问题，走出投资的误区。

扫码阅读
原文评论

风险提示：本文仅供学习交流，未经授权禁止转载。资料内的言论和观点仅供参考，以上不构成个股投资建议，不构成对投资人的任何实质性建议或承诺，也不作为任何法律文件。投资有风险，入市需谨慎。

私募基金经理的管理规模应该保持在什么水平？

基金经理的管理规模与业绩之间的关系无疑是投资人最关心的问题之一，但似乎又难以有定论。本文作者试图从投资行业的总规模、基金经理的交易能力以及基金公司的投研实力等角度来寻找答案。

@linjia510
发布于 2021 年 6 月 29 日

经常有人问我：某某私募基金经理的管理规模已经突破百亿元，最近业绩表现不好，是不是规模过大限制了基金经理的能力，要不要赎回？

私募基金没有公募的"双十规定"限制，即公募基金持股不能超过投资股票总股本的 10%，单只股票不能超过该基金资产的 10%，因此私募基金可容纳规模的理论值应该比公募基金更大。为何对于管理规模几百亿元的优秀公募基金经理，投资人很少怀疑其投资能力，而当私募基金经理的管理规模刚刚过百亿元时，就表现出担忧呢？这是值得我们思考的。

每个基金经理都存在最优的管理规模，超过这个规模，均值回归则成为可能，这是业内的共识。但是最优管理规模是多少，这却是一个见仁见智的问题。我认为，要回答这个问题，我们可以从基金经理的擅长领域、交易风格、进化能力及投研团队的支持力度等角度来分析。

基金经理管理规模与行业总规模相关

> 鲸鱼只能在海洋中生存，而基金经理所投资行业的总规模决定了其是在大海还是游泳池里游泳。

鲸鱼只能在海洋中生存，而基金经理所投资行业的总规模决定了其是在大海还是游泳池里游泳。

基金经理投资行业的可容纳总规模非常重要，比如信息技术、大消费、互联网、医疗保健等都是常见的万亿元规模行业。对于擅长这些行业投资的基金经理，投资者不需要太担心规模"天花板"的问题，只需更多关注他们的投研能力。巴菲特几百亿美元投资苹果，冯柳 80 多亿元投资海康威视，段永平投资苹果、贵州茅台、腾讯，都获得了非常好的回报。

如果投资的行业容纳规模有限，那么基金经理的投研能力再好也没有用，最优管理规模必然会有局限性。曾有一只投资于美股生物前沿技术的私募基金，它的基金经理的投研能力非常过硬。但由于这些前沿科技企业的市值普遍偏小、流动性差，容纳不了太多资金，且好企业也没有多少家，基金规模大了以后选股必然要退而求其次，业绩下降也是可预见的，只需等待临界点的到来。这种情况下，投资者赎回基金是合理的选择。

每个行业从入门到精通至少需要几年时间，基金经理学习能力再强，精力也是有限的，同一时间段投资行业覆盖 5 个已是行业内顶级水平。学习进化能力比较强的基金经理，也需要不断更新自己擅长的领域，巴菲特 80 多岁还能将投资边界扩展到从前不涉及的科技行业，重仓了苹果公司股票。因此，基金经理的学习进化能力也是衡量其规模边界和业绩可持续能力的重要条件之一。

基金经理的交易水平对可容纳规模有较大影响

管理规模大的基金经理除了左侧交易外,很多时候也会右侧重仓买入看好的企业,比如冯柳在股价高位买入海康威视、顺丰控股,巴菲特买入苹果股票。从后视镜的角度看,这些操作都很成功。

通常规模大的私募基金可以养得起投研团队,要发现优秀的公司并不困难,难的是选择什么价位建仓,如何买到足够的量,何时兑现利润。

建仓早,买得便宜,量也容易买够,但风险是股价迟迟不配合上涨,基金业绩也就很难表现好,这样有很多投资人会早早赎回基金,而无法等到股价上涨的时刻。投资人赎回基金,也会影响基金的发展。

如果等到股价有启动迹象,基金再建仓买入,那么大部分的资金将很难以合理价格转化为足够量的股票。最终基金虽然减少了时间成本,但却付出了更高的价格成本,还是会影响业绩,对基金规模的增长也较为不利。

左侧交易的潜伏建仓肯定比右侧交易的追涨建仓容易,成本也会更低一些,这使得左侧交易的可容纳规模大很多。我的观察是,喜欢左侧建仓的基金经理,规模从几十亿元增长到二三百亿元,难度不会太大,业绩也不会受到太大影响。比如我曾投资的泽熙基金和邻山基金,规模从几十亿元增长到几百亿元,业绩都没有受到太大的影响。这两只基金的经理建仓时有两个共同点,一是敢于在市场充满负面情绪时买入;二是敢于重仓买入,成为十大股东也比较常见。从公开信息来看,他们退出这些重仓股票时,都获得了不错的盈利回报。

管理规模大的基金经理除了左侧交易外,很多时候也会右侧重仓买入看好的企业,比如冯柳在股价高位买入海康威视、顺丰控股,巴菲特买入苹果股票。从后视镜的角度看,这些操作都很成功。

根据我的观察,部分管理规模在几亿元到十几亿元的基金经理,可以将追涨风格发挥到极致。他们跟着市场热点变动,经常可以捕捉到小市值的领涨股,可以较高效地利用资金,也能取得优异的成绩。这类基金由于业绩好,规模很容易扩大到几十亿元。而资金体量大了以后,基金经理追涨的难度就随之加大,而他们又很难改变过去的投资路径,业绩便慢慢走向均值回归。对于追求复利效应的长期投资者来讲,应该谨慎对待此类基金。

从上述分析来看,基金经理的交易风格对管理规模有重大影响。交易水平高的基金经理可以驾驭较大的管理规模,业绩也具有可持续性。

基金公司的投研实力是判断其管理规模边界的重要指标

倘若一家基金公司的投研能力足以覆盖多个市场，除了A股之外，还能覆盖全世界优秀公司集中的美股，那它的资金容纳规模一定可以扩大。

通常来看，如果有足够多的好股票承接资金，那管理规模不是大问题，业绩长期来看也不是问题。倘若一家基金公司的投研能力足以覆盖多个市场，除了A股之外，还能覆盖全世界优秀公司集中的美股，那它的资金容纳规模一定可以扩大。关注基金公司的投研实力，也是判断其管理规模边界的重要指标。

私募基金经理的最优管理规模是多少？不同基金经理能力不同、投研团队支持力度不同，很难有统一的判断标准，这需要长期的实践摸索。但国内外基金经理的管理规模与长期业绩走向，可以帮助我们大致推断基金经理管理规模的合理边界。

历史数据显示，国外规模大且业绩好的前20名对冲基金规模在200亿~1000亿美元。近年来，国内优秀的公募基金经理的管理规模在600亿~1000亿元，业绩也能够保持住。私募基金中，高毅、景林、淡水泉的明星基金经理有着几百亿元的管理规模，长期业绩也处于市场平均水平之上。

在综合考虑美股、港股、A股的总市值的情况下，同时考虑私募基金投研团队的能力，我保守估计，同时投资于美股、港股、A股三地市场的私募基金经理，规模上限或不少于1300亿元。这是理论值，实际上限还需要未来更多的数据去证实。

随着国家金融市场的逐步开放，越来越多拥有海外背景的研究人员加入国内基金公司。这样的投研团队更具备国际战略眼光，也可以帮助基金经理覆盖更多的投资市场。加上国内权益类投资市场的蓬勃发展，私募资产管理市场未来一定会出现千亿元级别的私募基金经理。

扫码阅读
原文评论

风险提示：本文仅供学习交流，未经授权禁止转载。资料内的言论和观点仅供参考，以上不构成个股投资建议，不构成对投资人的任何实质性建议或承诺，也不作为任何法律文件。投资有风险，入市需谨慎。